editorial Sol90

图说人类文明史
波 斯

西班牙 Sol90 出版公司 编著

同文世纪 组译 　王莹辉 译

中国农业出版社
农村读物出版社

北 京

图书在版编目（CIP）数据

图说人类文明史. 波斯 / 西班牙Sol90出版公司编著；
同文世纪组译；王莹辉译. — 北京：中国农业出版社，
2024.9
　ISBN 978-7-109-28583-5

　Ⅰ. ①图… Ⅱ. ①西… ②同… ③王… Ⅲ. ①文化史
－波斯帝国 Ⅳ. ①K12

中国版本图书馆CIP数据核字(2021)第150052号

GRANDES CIVILIZACIONES DE LA HISTORIA

Persas

Author: Editorial Sol90

Based on an idea of Daniel Gimeno
Editorial Management Daniel Gimeno
Art Direction Fabián Cassán
Editors 2019 Edition Joan Soriano, Alberto Hernández
Writers Juan Contreras, Gabriel Rot
Research and Images Production Virginia Iris Fernández
Proofreading Edgardo D'Elio
Producer Marta Kordon
Layout Luis Allocati, Mario Sapienza
Images Treatment Cósima Aballe
Photography Corbis, Science Photo Library, Getty, Sol90images
Illustrations Dante Ginevra, Trebol Animation, Urbanoica Studio, IMK3D, 3DN, Plasma Studio, all commisioned specially for this work by Editorial Sol90.
www.sol90images.com

图说人类文明史

波斯

中国农业出版社出版
地址：北京市朝阳区麦子店街18号楼
邮编：100125
项目策划：张志　刘彦博　　责任编辑：马英连　　责任校对：吴丽婷　　责任印制：王宏
翻译：同文世纪 组译　王莹辉 译　　审定：王林　　丛书复审定：刘林海　　封面设计制作：张磊　　内文设计制作：赵永彬
印刷：鸿博昊天科技有限公司
版次：2024年9月第1版
印次：2024年9月北京第1次印刷
发行：新华书店北京发行所
开本：889mm×1194mm　1/16
印张：6
字数：200千字
定价：98.00元

图说人类文明史

波　斯

目 录

6   **前言：世界性的帝国**

8   **概述：波斯的疆域**

10   **历史和社会组织**

12   大帝的帝国

18   起源

20   居鲁士时代

22   从大流士到薛西斯

24   帝国的覆灭

26   帕提亚王朝

28   萨珊王朝

30   伊斯兰化

32   **社会和日常生活**

34   多元统一

40   帕萨尔加德

42   波斯波利斯

44   帝国之城

46   波斯战士

48   万王之王

50   波斯园林

52	**神话与信仰**	68	**文化遗产**
54	从琐罗亚斯德教到伊斯兰教	70	宏伟与创造
60	拜火教	76	巴姆古城
62	神祇密特拉	78	波斯珍宝
64	帝王陵寝	80	萨珊遗迹
66	佩特拉皇陵	82	实用艺术
		84	如今的波斯波利斯
		86	从波斯到伊朗
		88	博物馆
		90	**纪年表**
		94	**术语表**

前言：世界性的帝国

从帝国起源到朝代更迭，从宗教转变到疆土变迁，波斯帝国的发展历程均在其雕塑和其他艺术作品中得到呈现。下图是一座刻有男性神祇形象的浅浮雕。

鼎盛时期的波斯被认为是世界上最强大的帝国，它疆域辽阔、民族众多。波斯人最早出现在伊朗高原，随后向东西两个方向迁徙，最终将自己的影响力扩展到了地中海沿岸、印度和埃及。

除了先进的武器，波斯帝国还拥有令众多邻国无法匹敌的庞大军队。在野心勃勃的君主领导下，波斯成为一个为扩张和征服而生的帝国，它还向投降的敌人征收沉重的赋税，以维持国家的运转。

建国之初，也就是阿契美尼德王朝统治期间，波斯帝国迎来了第一个黄金时期。居鲁士二世（Ciro II）和大流士大帝（Darío el Grande）是这一时期最出色的两位君主。他们在位时帝国领土不断扩张。这时也是帝国的政治体系和行政组织的构建时期，人们建设了首都和一些大型中心城市，修建了雄伟壮丽的皇宫和错综复杂的街道。

苏萨、帕萨尔加德和波斯波利斯是波斯文化发展的里程碑，也是波斯帝王丰功伟绩最有力的证明。将阿胡拉·马兹达（Ahura Mazda）视为造物主的宗教思想也为君权神授统治体系的建立做出了贡献。对波斯来说，政治危机、继承人危机以及被征服区域的频繁叛乱，这些因素都在逐渐侵蚀着帝国统治的基石。在这种背景下，不久之后出现的另一个劲敌无疑对它构成了威胁。从马其顿崛起的那一天开始，波斯亡国的命运就已经注定。当亚历山大（Alejandro Magno）

大帝在与波斯人的战争中取得决定性胜利时，波斯帝国就如同巨人倒下一样轰然覆灭。

后来，在萨珊王朝统治时期，伊斯兰教的建立为波斯逐渐重现往日荣光拉开了序幕。

然而，波斯人并不只是效力君主、骁勇善战的士兵，他们也为多元化的波斯文明贡献了独特的文化遗产，这些文化遗产至今仍存在于古建筑、雕刻和其他实用艺术作品中。波斯的金银细工技艺和纺织业也十分出色，充满传奇色彩的波斯地毯就是其最好见证。波斯人还修建了中东地区最古老的城市和要塞，城墙宏伟厚重，固若金汤。波斯浅浮雕生动庄严的神韵至今仍令人深受触动，其上记载了这个人类史上最强大帝国之一的发展历程。

随着世纪更迭，与早期相比，波斯帝国的领土有所减少。虽然波斯被穆斯林征服，但它在历史、现代文化和当代文化方面的影响从未消失。

下图为佩特拉修道院，该遗址位于现在的约旦境内。在阿契美尼德王朝灭亡后，佩特拉古城成了穆斯林和罗马人争夺的军事要地。

概述：波斯的疆域

波斯帝国疆域辽阔，以至于很快就赢得了"世界性帝国"的名号。虽然在不同历史时期，由于不同朝代的行政效率和推行政策的力度不同，波斯帝国的疆域面积有所增减。但可以确定的是，波斯帝国的势力从地中海沿岸延伸至印度，并在多元文化中留下了属于它的印记。◆

陶器是波斯帝国最早的艺术表现形式之一，左图为一座神像。后来，波斯在金银细工上独树一帜。

黑海

马其顿

●萨第斯

希腊

地中海

埃及

宗教

波斯对其他的宗教信仰持宽容态度，琐罗亚斯德教是波斯帝国最初的国教。穆斯林征服波斯以后，伊斯兰教被强制推行为波斯最终的国教和官方信仰。

波斯波利斯古城

右图为一座纳巴泰女性的塑像

多样性

　　历史上，波斯帝国与外界的文化交流频繁，从埃及到里海，再到波斯湾更远的地区都是波斯的领土，这些地方的民族和文化共同构成了波斯文化。长久以来，波斯的特点之一就是对不同民族的传统文化兼收并蓄。

里海

印度

亚述帝国　•苏萨

波斯帝国

阿拉伯海

•亚述古城　　　•　　•帕萨尔加德

波斯波利斯

•巴比伦　　　　波斯湾

阿拉伯

红海

非洲

建筑

　　毋庸置疑，纪念性建筑是波斯最打动世人的艺术表现形式之一，其中以皇帝的宫殿最为典型。波斯盛产技艺精湛的雕刻匠人，他们将石头作为最理想的材料，用以体现帝国的强大力量。

右图为波斯波利斯城祭祀中心的巨大石牛

历史和社会组织

12	大帝的帝国
18	起源
20	居鲁士时代
22	从大流士到薛西斯
24	帝国的覆灭
26	帕提亚王朝
28	萨珊王朝
30	伊斯兰化

历史和社会组织

大帝的帝国

作为历史上疆域最辽阔的帝国之一，波斯的领土覆盖了近东和中东地区，其起源可以追溯到前6世纪，当时一些氏族部落在埃兰人统治的伊朗高原定居。此时，埃兰的主流文化已发展到较高水平，不仅创造了本民族的语言和文字，而且掌握了高超的金属冶炼技术。经济活动促进了埃兰社会的发展，从蓄养牲畜开始，到发展早期农业和与周围民族通商，埃兰的经济活动逐渐向多元化过渡。

随着时间的推移，这些埃兰人受阿契美尼德王朝皇帝的统治，其中包括开国皇帝阿契美尼斯（Aquemenes），居鲁士（Ciro）和冈比西斯一世（Cambises I）。自此，"阿契美尼德"一词也用来指代后来的波斯帝国。这一时期，所有波斯皇帝都以"安善王"自居，这是埃兰国王的传统头衔。前6世纪中叶，更准确地说，前559年，从居鲁士二世登上皇位开始，情况发生了翻天覆地的变化，这位皇帝让波斯帝国的规模达到了前所未有的广度。

居鲁士二世，帝国缔造者

居鲁士二世继承了其父冈比西斯一世的王位，因在位期间发起了大规模扩张战争，后被称为居鲁士大帝。当时的波斯并不是所在地区的重要国家，对巴比伦、吕底亚和埃及等邻国也不构成威胁。但是，居鲁士二世以战胜部分邻国的方式，逐渐扩张领土。米底国王阿斯提阿格斯（Astiages）就是一个例子，他在前553年至前550年的战争中被居鲁士二世打败。胜利为居鲁士二世带来了巨大的

财富，而这笔财富又支持了其新一轮的扩张。前547年，位于小亚细亚战略要地的吕底亚被阿契美尼德王朝收入囊中。人们认为，在征服吕底亚后，居鲁士二世的下一个目标是新巴比伦。前540年，波斯将军戈布里亚斯（Gobrias）攻陷巴比伦城，随后打开巴比伦城大门迎接居鲁士二世。居鲁士二世继续发动战争，夺取了每一个被征服国家的主权。然而，到了前530年，居鲁士二世的好运最终耗尽，他在与马萨革泰人的战争中出人意料地战死沙场。

阿契美尼德王朝的野心并没有因居鲁士二世的死而终结，他的儿子、继承者冈比西斯二世（Cambises II）率领波斯军队进军埃及，并将该地纳入波斯统治之下。前521年，冈比西斯二世逝世，此时，波斯帝国的领土从地中海延伸到了兴都库什山脉，远远超过伊朗最初的领土。

居鲁士二世不仅发起了许多大型战争并取得了胜利，还尝试为帝国建立新的行政组织制度和经济管理模式。继位不久后，他下令建设新首都，兴修与"大帝"这一称号相匹配的宫殿。这一浩大的工程落在了伊朗的土地上，帕萨加尔德城由此诞生。

冈比西斯二世的死引发了继承权的争夺，最终演变成帝国统治最严重的弊端之一。事实上，在皇位继承的

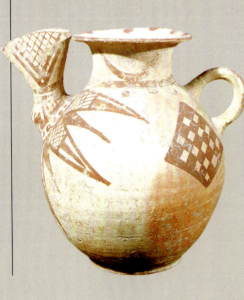

❖ **制陶业**　制陶业是波斯艺术和手工业的一个重要体现。陶器形状多样，大小各异，上有几何图形和动物图案装饰，常见于逝者墓中，起装饰作用。

❖ **纪念性建筑**　波斯建筑擅长使用宏伟的城墙、檐廊和立柱。上图为大流士一世的宫殿波斯波利斯的入口。

斗争中，一位新的领袖脱颖而出，他就是大流士。在结束了由皇位引发的危机之后，这位君主带领波斯帝国将领土扩张到最大程度。

大流士时代

前 518 年，大流士平定了帝国的危机，很快他又镇压了国内此起彼伏

统治阶级

居鲁士大帝是波斯帝国行政体制最初且最重要的创立者。后世研究者们发现，在居鲁士二世的统治下，被征服的广袤领土已经分为了行省"萨特拉庇亚"，行省中级别最高的地方官员是总督（又称"萨特拉庇"）。

众所周知，大流士一世后来确立了 20 个规模相当的行省，每个行省都设有地方官员和级别更低的官吏。尽管各省均享有一定程度的自治权，但总督必须将行动和决议上报皇家监察官，后者被视为皇帝的耳目。

整个波斯帝国均处于森严的君主制统治之下，但这种君主制却埋下了皇子间争夺皇位的隐患。战争在帝国的架构里占据着决定性位置，构成了波斯财富的基础。不管是从投降国缴获的大量财宝，还是这些国家应向波斯皇帝上交的赋税，都为波斯提供了大量财富。

的叛乱。

从这以后，大流士的当务之急就是重新制定帝国的行政管理体制。他在各行省推行新的税制和官僚体制，这使他能够充分管辖这样一片幅员辽阔、区域各异的国土。

与居鲁士二世一样，大流士也认为重建波斯的首都势在必行，因此下令兴建波斯波利斯城。

同时，大流士希望波斯帝国能够成为世界上最强大的国家，受这个野心的驱使，他发动了新的征服战争。借此，波斯的势力范围延伸到了色雷斯和印度。

不过，与希腊人的战争却没有那么顺利。前 490 年到前 479 年，两次希波战争相继爆发，希腊和波斯之间的这两场战争前后相隔了 10 年。

前 490 年，第一次希波战争爆发，大流士一世派遣的军队与米泰亚德（Milcíades）的希腊军队在马拉松交战。波斯军队装备精良，本应胜券在握，结果却出人意料，米泰亚德率领的军队取得了胜利。10 年后，在大流士继承人薛西斯一世（Jerjes I）的统治时期，波斯军队和希腊军队再次交锋，也就是著名的温泉关战役。少数斯巴达战士在国王列奥尼达一世

❖ **冶金业**　埃兰人在金属冶炼方面成就斐然，这一传统手艺后为波斯的金银匠们所传承。左图为阿斯塔尔特女神（Astarté）的铜塑像（前 3 世纪）。

❖ **亚历山大大帝** 亚历山大大帝在很年轻时就实现了父亲腓力二世（Filipo II）的梦想，并与波斯争夺地区霸权。伊苏斯战役中，亚历山大大帝取得了胜利，此战之后，波斯帝国逐渐分崩离析。

宏伟的首都

❖ ❖ ❖

在波斯帝国的历史上，波斯皇帝拥有 4 座宏伟的都城，它们轮流扮演着帝国首都的角色，有时也同时作为首都存在。

米底城市哈马丹（古称埃克巴坦纳）和苏萨是阿契美尼德王朝君王们最早的首都。后来，居鲁士二世和大流士一世下令建造两座新都城，分别是帕萨尔加德和波斯波利斯。

四座都城彼此之间有一个共同点，那就是拥有足够容纳王室及其随从生活的宏伟宫殿。

通常，波斯君主很少住在前任皇帝的宫殿，因此，新皇帝会下令建造自己的宫殿，配设宽阔的大厅和气派的檐廊。

波斯波利斯是唯一一个非皇帝长居的首都，只有在新年的庆典期间，皇帝才在此落脚。尽管如此，城中仍必须留有数量可观的护卫和侍从，拥有自给自足的生产结构，用以维持首都人口的稳定。

（Leónidas I）的率领下，英勇抵抗敌军步兵部队的袭击。最终，在经历了为期一周、真正算得上是斯巴达对波斯人的一场屠杀之后，薛西斯一世的军队向斯巴达抵抗军的后方发动奇袭，斯巴达人全军覆没。随后，希波战争蔓延到了雅典，迫使雅典人放弃了雅典城，逃亡到萨拉米斯岛。波斯军队再一次轻信了自己压倒性的数量优势，准备指挥他们的舰队终结这些抵抗的希腊军队。但是，雅典人通过灵活操纵小型战舰，重创了笨重而巨大的波斯战舰，令对手大为震惊。此后，这次战争的大获全胜让希腊人备受鼓舞，在普拉提亚战役中，希腊军队再次迎战薛西斯一世。希腊在这场战役的胜利彻底宣告了波斯统治希腊这一企图的破灭。

帝国的覆灭

前 5 世纪，受继位危机的影响，波斯帝国大部分时间处于风雨飘摇之中，统治根基受到严重侵蚀。前 465 年，薛西斯被刺杀，之后阿尔塔薛西斯一世（Artajerjes I）继承了皇位。前 424 年，阿尔塔薛西斯一世去世，继而引发了皇子之间对皇位的争夺。同样的场景在大流士二世（Darío II）死后再次上演，前 401 年，小居鲁士（Ciro III el Joven）起兵对抗他的兄长——皇帝阿尔塔薛西斯二世（Artajerjes II）。

❖ **波斯波利斯** 波斯波利斯城是波斯帝国的首都之一，其中矗立着许多庄严的宫殿建筑，它们是由多任皇帝陆续为自己建造的。下图是薛西斯之门（亦称万国门）遗址。

❖ **雕像**和浅浮雕是波斯最著名的艺术表现形式。下图为侍从形象的头部浅浮雕，前2世纪。

随着时间的流逝，帝国总督们企图得到越来越多的自治权，一些总督甚至公然挑战中央政权，危机在帝国各处蔓延。

在此背景下，马其顿势力闯入了历史舞台，它首先削弱了波斯帝国的力量，随后推翻了这个古老而强大的帝国。

大流士二世的统治在一定程度上意味着政权的再次稳定，但这种稳定并没有持续太久。宫廷阴谋从边境向内部蔓延，在埃及和巴勒斯坦这样的投降国，叛乱重新上演。大流士二世死后，阿尔塔薛西斯二世在位期间，小亚细亚地区在斯巴达人的攻击下沦陷，一些总督之间发生了新的混战。到阿尔塔薛西斯三世（Artajerjes Ⅲ）掌权时期，情况依然没有好转。当波斯帝国的致命威胁——马其顿崛起时，情况变得更加糟糕：腓力二世组建了一支雄师，意图入侵波斯帝国的中心，而此时，波斯国势衰弱，缺乏一个受人尊敬且令人信服的领导者。

腓力二世未能实现他的征服梦想，因为没过多久他就被刺杀了，但相应地，在这个征服大业尚未完成的时候，他留下了一位继承人：亚历山大大帝。

阿尔塔薛西斯三世也没能善终，和对手腓力二世一样，他也没逃过被刺杀的命运。之后，大流士三世（Darío Ⅲ）掌权，这位君主是波斯帝国阿契美尼德王朝的最后一任皇帝。

穆斯林的征服

在几个世纪之后，萨珊王朝取代了帕提亚王朝，它以一支新宗教——伊斯兰教为力量，给波斯人带来了决定性影响。7世纪，波斯皇帝霍斯劳二世（Cosroes Ⅱ）在执政期间发起了一系列战争，意图重现波斯帝国的昔日荣光。实际上，到了613年和614年，波斯帝国的版图已拓展到了安提阿、大马士革和耶路撒冷。同时这也意味着，萨珊与拜占庭帝国的冲突在所难免。627年，拜占庭军队在尼尼微大败霍斯劳二世的军队。霍斯劳二世于628年去世，自此直至632年，萨珊波斯更换了10任皇帝。在这期间，穆罕默德（Mahoma）已着手传播他的宗教——伊斯兰教，该教很快在附近地区传播开来。

霍斯劳二世死后，波斯人处于弱势地位，穆斯林开始讲经布道。波斯即将被穆斯林所影响，而后者依靠军事手段，将穆罕默德布道的话语带到了邻近地区。

7世纪中期，哈里发奥马尔（Omar）领导的穆斯林战胜了伊嗣俟三世（Yazdgerd Ⅲ）统治的伊朗波斯人，占领并洗劫了波斯首都泰西封。后来，穆斯林挫败了波斯人的反攻，渐渐控制了整个美索不达米亚。最终，他们在伊朗高原称霸。

帝国艺术

居鲁士二世和大流士一世先后为其宫殿奠定了庄严的基调。毋庸置疑，宫殿还要展示他们在军事上取得的巨大成就，以及皇帝对疆域广阔、看似不可战胜的帝国的掌控。因此，纪念性艺术成为波斯帝国最典型的艺术表现形式之一也就不足为奇了，尤其是纪念性建筑，它汲取了邻近地区最宏伟华丽的表现形式。

不久，波斯人从希腊引进了巨大石柱，用以围绕和支撑波斯的建筑。这些石柱在皇宫中被广泛采用，宽敞的大厅和宏伟的檐廊随处可见。同样，巨大的石质雕像、满墙的浅浮雕是波斯艺术完美的补充，人们认为，坚固的石材非常适合彰显皇帝的稳固统治。

波斯另一个重要的艺术表现形式是细密画，多出现于纺织品和陶器上。

当然，这种艺术表现形式自有其缘由：细密画无疑是受到了萨珊王朝和穆斯林的影响，此时距离波斯大肆征服的时期已过去很久，且该时期伊斯兰教教义禁止对先知穆罕默德的个人崇拜。细密画艺术主要倾向于对大自然的感知和表现，笔触、色彩和光线构成了这种新艺术的基础。

❖ **绘画**，更确切地说，受穆斯林影响的细密画，是运用惊人的技巧绘制而成的。

起源

前 21 世纪至前 19 世纪，俄罗斯南部和乌克兰地区的雅利安游牧部落开始向多个方向大规模迁徙。其中一些部落向西穿过伊朗直抵美索不达米亚和叙利亚。前 15 世纪，另一个来自西北部的雅利安部落在伊朗高原腹地定居下来。埃兰人和米底人则是波斯众多部族中最重要的两个。◆

诸多证据均可证明埃兰艺术达到了极高的水平。其中特别突出的是一座重 1 800 千克的无首贵妇塑像（上图）。塑像上的一些细节极其生动，特别是钟形裙摆上的流苏和一根手指上熠熠生辉的戒指。

恰高·占比尔的庙塔，伊朗，前13世纪

埃兰文字

前 3 千纪初期，在苏萨出现了一种新文字，对于该文字的起源，专家尚未得出一致的结论，它是埃兰人的一种文化表达形式。埃兰帝国建立在今伊朗西南部，它的邻国是巴比伦和亚述。另一方面，苏萨成为波斯最重要的城市之一。

❖ 在恰高·占比尔遗址发现的楔形铭文是前波斯文化最早的记录之一。

恰高·占比尔

庙塔并不是用于举行公共仪式的场地，人们认为庙塔是神灵的居所，只有祭司才能进入。通常，每座重要的城市都有自己的保护神，因此，每座重要的城市都建有庙塔。恰高·占比尔的庙塔位于伊朗境内苏萨城南 45 千米处。1979 年，它被联合国教科文组织列入《世界遗产名录》。

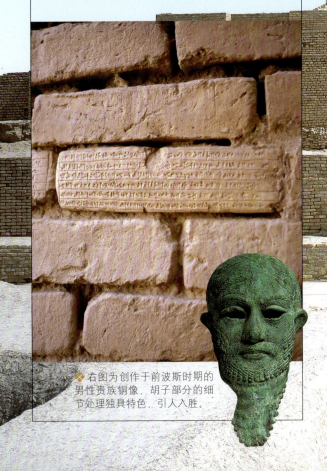

❖ 右图为创作于前波斯时期的男性贵族铜像，胡子部分的细节处理独具特色，引人入胜。

庙塔 古代伊朗人认为，帝王身死之日，会借由庙塔从尘世飞升天界。这种建筑对皇室来说意义非凡，因此，庙塔会被长达800米到1200米的城墙围护起来。

创作于前1千纪的赤陶俑

部落时代

　　希罗多德（Heródoto）是使米底历史广为流传的第一人，尽管一切证据均表明，他的作品存在大量不实之处。波斯地区有许多分散的部落和氏族，大部分属于畜养羊、牛、马的游牧民族。其中，米底人在扎格罗斯山脉和沙漠之间定居，很显然，他们在资源多样性方面拥有得天独厚的条件。

结构　恰高·占比尔庙塔有五层。外观坚固，内设多个房间。

❖ 几何图形和骏马图案装饰的双耳罐，创作于前8世纪。

米底人

　　前7世纪中期，在伊朗北部和西北部定居的米底人部族摆脱了亚述帝国的统治，建立了独立的国家。之后，米底与新巴比伦结盟，于前612年推翻了威胁他们的亚述帝国。前590年，米底和新巴比伦联盟占领了尼尼微。在国王基亚克萨雷斯（Ciaxares）的领导下，米底人征服了亚美尼亚，占领了伊朗一带的广阔的土地，然而，吕底亚人阻挠了米底的征服进程。前585年，米底和吕底亚达成协议，将哈里斯河定为两国边境。

❖ 创作于前5世纪，刻有数位米底贵族形象的浅浮雕。

居鲁士时代

　　居鲁士缔造了他所处时代规模最大、实力最强的帝国，因其热衷于征服，世人称其为居鲁士大帝。居鲁士解放了巴比伦的犹太人，并将叙利亚和巴勒斯坦置于自己的庇护之下，这两个地区都曾是新巴比伦王国的附庸。此外，波斯帝国为腓尼基城邦创造了一种新的保护制度。居鲁士还以他的政治策略和宗教宽容政策闻名于世，对处于波斯统治下的城市给予高度的自治权，并允许成千上万的被流放者回到家乡。最终，居鲁士对波斯帝国西北方的斯基泰人发动了战争，这导致了他的陨落：居鲁士在与马萨格泰人的战斗中战死沙场。◆

上图为居鲁士时代的工艺品之一，该作品足以证明，此时波斯的雕刻和手工艺技术已臻完善。此外，波斯还有很多文化遗产，例如，雕饰精美的胸像和一些日常使用的器具。

居鲁士大帝（二世）雕像

居鲁士的战争

　　波斯帝国之所以能很快成为独一无二的霸主，其原因不仅在于拥有高效的行政管理形式，也在于其战功赫赫的军队。事实上，居鲁士的每一次行动无一不影响巨大，当他解放了在巴比伦流亡的犹太人时，也允许他们在耶路撒冷重建所罗门圣殿。居鲁士在与马萨格泰人的战斗中惨败并付出了生命的代价。此前被封为"巴比伦之王"的皇子冈比西斯在居鲁士战死后即位。

❖上图中的挂毯上描绘了前530年居鲁士二世在耶路撒冷发起的战役，他允许犹太人返回故乡巴勒斯坦。

居鲁士大帝

　　居鲁士二世（出生于前600-前575年，前530年去世），阿契美尼德王朝皇帝冈比西斯的儿子，也是米底帝国一个臣属地区的统治者，他起兵反叛米底皇帝阿斯提阿格斯，并占领了当时的首都埃克巴坦纳。居鲁士二世是波斯帝国的缔造者，他多次为波斯帝国开疆拓土，使帝国的疆域从地中海一直延伸到兴都库什山脉。在此之前，任何帝国的领土都未曾达到如此规模。

辉煌 巴比伦、埃及、吕底亚和斯巴达密谋反叛居鲁士的统治。但在前546年，居鲁士打败了吕底亚国王，占领了小亚细亚。很快，巴比伦也迎来了同样的命运。

居鲁士大帝墓 由大块石头筑成，高10余米，从陵墓的阶梯式地基可以看出其建筑风格受到了美索不达米亚庙塔的影响。

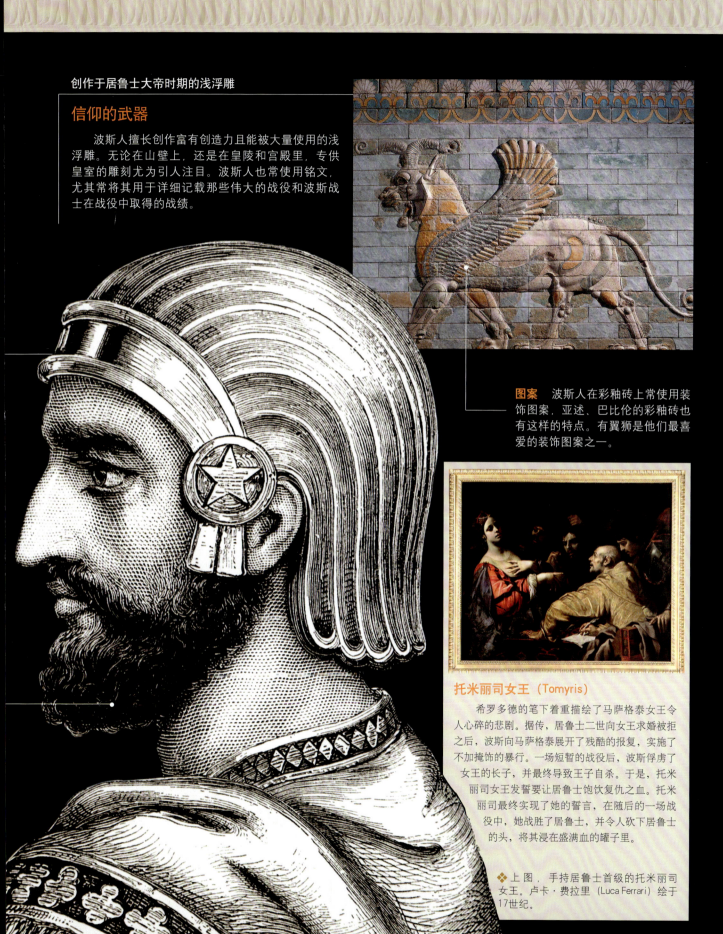

创作于居鲁士大帝时期的浅浮雕

信仰的武器

波斯人擅长创作富有创造力且能被大量使用的浅浮雕。无论在山壁上，还是在皇陵和宫殿里，专供皇室的雕刻尤为引人注目。波斯人也常使用铭文，尤其常将其用于详细记载那些伟大的战役和波斯战士在战役中取得的战绩。

图案 波斯人在彩釉砖上常使用装饰图案，亚述、巴比伦的彩釉砖也有这样的特点。有翼狮是他们最喜爱的装饰图案之一。

托米丽司女王 （Tomyris）

希罗多德的笔下着重描绘了马萨格泰女王令人心碎的悲剧。据传，居鲁士二世向女王求婚被拒之后，波斯向马萨格泰展开了残酷的报复，实施了不加掩饰的暴行。一场短暂的战役后，波斯俘虏了女王的长子，并最终导致王子自杀。于是，托米丽司女王发誓要让居鲁士饱饮复仇之血。托米丽司最终实现了她的誓言，在随后的一场战役中，她战胜了居鲁士，并令人砍下居鲁士的头，将其浸在盛满血的罐子里。

❖ 上图，手持居鲁士首级的托米丽司女王。卢卡·费拉里（Luca Ferrari）绘于17世纪。

从大流士到薛西斯

作为帝国有权有势的贵族的一员，大流士开创了波斯历史上最繁荣的时期。这位帝国的统治者创造了新的行政区划，以此牢牢控制帝国广阔领土的边界。他残酷镇压叛乱者，使他的陆军和海军专业化——他大部分的权力以此为基础。

大流士留给后世的主要遗产之一就是帝国的首都波斯波利斯。他的继任者薛西斯一世企图占领希腊城邦，但未能实现。◆

管理 大流士赋予了帝国有效的组织方式，这使他得以实现在政治、经济和军事上对帝国的完全控制。上图为记载了有关帝国疆域具体细节的银板。

大流士皇宫废墟的景象，波斯波利斯

大皇宫

大流士在位期间，帝国兴建了众多奢华的建筑，这是对阿契美尼德王朝权力的忠实反映。这些工程之一就是新帝国首都——波斯波利斯的崛起。波斯波利斯的宽广阶梯、巨柱和刻有浅浮雕的墙壁是对最辉煌时期波斯艺术的最好诠释。

马拉松战役

前6世纪中叶，一些小亚细亚的希腊城邦沦陷，处于波斯的统治之下。然而，一些投降的城邦很快发起叛乱，这就是希波战争的开端。前490年9月，在阿提卡地区的马拉松平原，希腊人和他们的盟友共计约1万人，与相当于己方人数两倍的波斯军队对垒。然而，出人意料的是，在对抗过程中，希腊人逐渐占据了上风并最终取得了胜利。

不死军 是波斯君主的禁卫军。这支军队得名于其成员的数目，1万人，且人数从来没有改变过。他们是无与伦比的战士，在神话中他们是无法被杀死的，如果在战斗中倒下，之后还会回到前线坚守自己的位置。

◆ 插图是马拉松战役，描绘了希腊士兵在一艘战舰上攻击波斯士兵的景象，该战舰是波斯强大的500艘战舰之一。

大流士大帝

　　大流士一世登上波斯皇位时年仅 29 岁。他取代了高墨达（Gaumata）登上皇位，后者死于一场贵族阴谋，大流士一世也被卷入其中。大流士是波斯地区国教琐罗亚斯德教的虔诚信徒，但他对其他信仰采取宽容政策。执政期间，他在巴比伦、埃兰、米底和帕提亚镇压了许多次叛乱，并在新的行政区划——行省下控制了帝国，每个行省由一位总督管理。

❖ 详细刻画了大流士一世和他的继任者薛西斯一世的浮雕。

宏伟建筑

波斯波利斯是作为帝国的政治中心和宗教中心而建立的，也是专为拥有强大权力和影响力的大流士大帝"量身定做"的。具有纪念意义的石墙、宽阔的大门和装饰丰富的檐壁是它最突出的特点。

圆柱

是波斯波利斯城的另一个突出特点。大流士之后的多位君主都为这座城市增修了独特、奢华的建筑。右图是为纪念薛西斯而修建的柱子。

薛西斯一世

　　薛西斯一世是大流士指定的继承人。自继位的那一刻起，他就要面对新爆发的起义，如巴比伦和埃及的人民起义，但起义最终在薛西斯的铁腕镇压下平息。薛西斯一世继承了其父大流士的扩张主义政策，对希腊城市发动了战争，结果却铩羽而归。斯巴达人和雅典人先是在温泉关战役中阻挡了波斯军队前进的步伐，后又在萨拉米海战中拦截了他们，两场战役发生在同一年，即前 480 年。

❖ 右图为薛西斯一世，大流士大帝的继任者。薛西斯发动的侵略战争遭到了希腊人的顽强抵抗。

帝国的覆灭

　　多次战争的失利、王位纷争引发的国家内部分裂致使这一古代最大的帝国提前走向了衰落。除了在马拉松战役和萨拉米战役中战败，波斯帝国最终在前479年的普拉提亚战役中也遭到重创，波斯帝国侵略希腊的野心迎来了失败的结果。自此，后几任波斯统治者都无法平息此起彼伏的内乱和政治阴谋，以及各地区对中央越来越多的反抗。前333年，在伊苏斯战役中，亚历山大大帝战胜了波斯帝国的最后一任君主大流士三世，波斯帝国随之灭亡。◆

阿尔塔薛西斯一世

　　前465年至前442年在位的波斯皇帝阿尔塔薛西斯一世平定了兄弟发动的武装叛乱，以及长达5年的埃及叛乱。左图为波斯波利斯城中刻有阿尔塔薛西斯一世的浅浮雕。

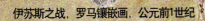

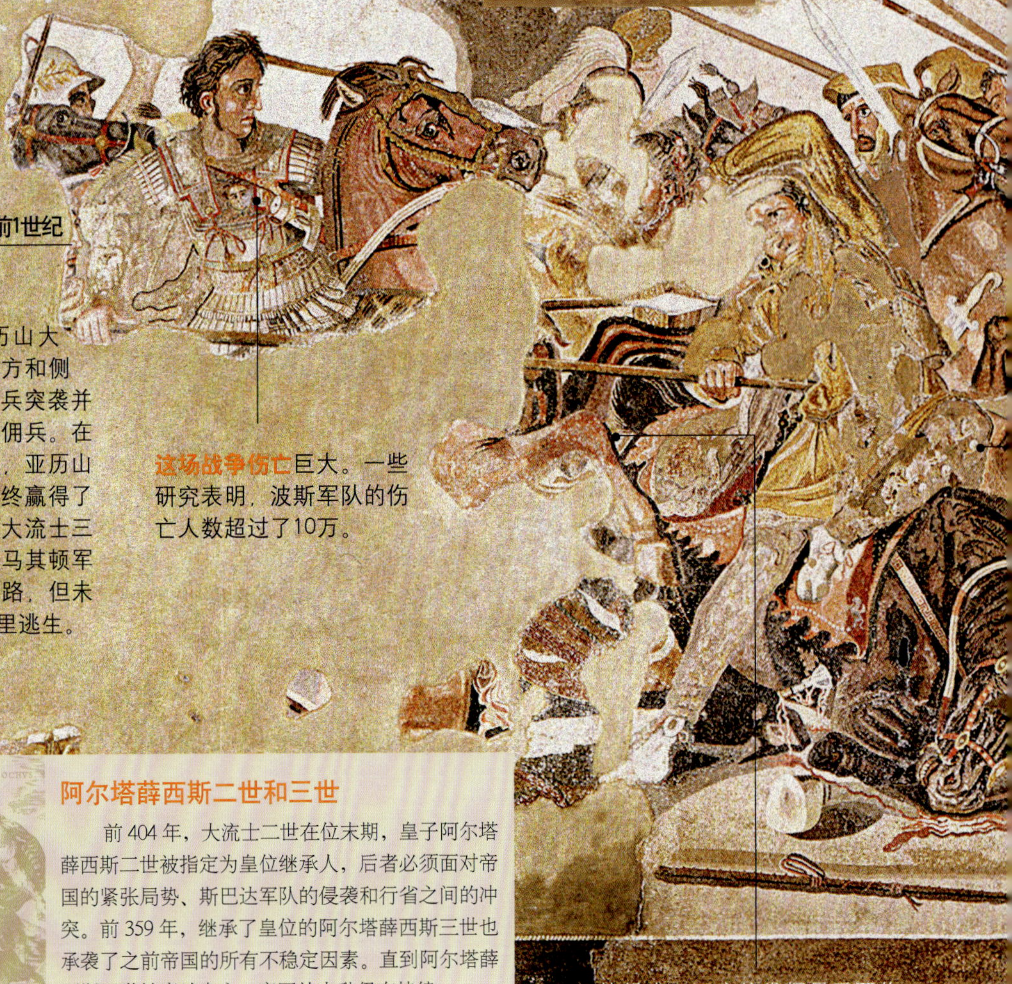

伊苏斯之战，罗马镶嵌画，公元前1世纪

卓有成效的战术

　　在与波斯对战时，亚历山大采取了同时包抄波斯军队后方和侧翼的战术。首先，马其顿骑兵突袭并击溃了大流士三世的希腊雇佣兵。在马其顿步兵逐步前进的同时，亚历山大部署了对波斯的包围，最终赢得了胜利。看到战局不可挽回，大流士三世随即与大部队一同撤退。马其顿军则试图追击，切断他们的退路，但未能成功，大流士三世最终死里逃生。

这场战争伤亡巨大。一些研究表明，波斯军队的伤亡人数超过了10万。

阿尔塔薛西斯二世和三世

　　前404年，大流士二世在位末期，皇子阿尔塔薛西斯二世被指定为皇位继承人，后者必须面对帝国的紧张局势、斯巴达军队的侵袭和行省之间的冲突。前359年，继承了皇位的阿尔塔薛西斯三世也承袭了之前帝国的所有不稳定因素。直到阿尔塔薛西斯三世被毒杀身亡，帝国的内乱仍在持续。

◆阿尔塔薛西斯二世和三世的画像，这两任皇帝均未能解决波斯帝国愈演愈烈的内部冲突。

战役中，双方均发挥最重要作用的**军事单位**是骑兵和步兵，亚历山大的包围战术决定了战役的成败。

伊苏斯战役

由于大流士三世在伊苏斯湾集结了援军，伊苏斯湾在交战双方约定时间之前就被波斯军占领，决战因而提前打响。大流士三世部署好军队，准备在海岸附近的平原上迎战亚历山大。波斯军共计20万人，其中包括3万希腊雇佣兵和令人生畏的不死军。然而，他选择的场地过于狭窄，波斯军队难以发挥压倒性的数量优势。

大流士三世为稳定帝国统治付出的努力付诸东流，马其顿国王腓力二世对波斯的征服计划也未能如愿，其子亚历山大继承了他的遗志，实现了征服波斯的梦想。这两个对手彼此尊敬，据传说，大流士三世死后，亚历山大以最高礼节接待了他的家人。

❖《亚历山大大帝和大流士三世一家》（1708～1710），塞巴斯蒂亚诺·里奇（Sebastiano Ricci）作品，收藏于北卡罗来纳艺术博物馆。

末代波斯皇帝的结局

在伊苏斯战役中，波斯遭受了决定性的失败，大流士三世不得不撤退以保存实力，而后再次召集那些仍然效忠于自己的军队。在重新集结了一支可与亚历山大决一死战的军队之后，大流士三世在巴比伦发动了最后一场战役。然而，在亚历山大这位军事天才面前，大流士三世的企图再次落空：高加米拉战役仍是亚历山大获胜。大流士三世的命运由此注定。不久，大流士三世遇刺身亡，曾经强盛一时的波斯帝国就此衰落。

亚历山大决定指挥骑兵攻击波斯军侧翼，成效显著，波斯军陷入混乱，最终被击溃。

万阵是马其顿军队的基本战术阵型。相反，波斯人倚仗的则是数量优势。

❖ 随着大流士三世的死亡，波斯这个令人生畏的帝国也最终土崩瓦解。上图为19世纪的版画，刻画了亚历山大大帝发现大流士三世尸体时的场景。

帕提亚王朝

前 3 世纪中期，在现在的伊朗境内，一个新的帝国崛起了。它的创立者最初定居在里海东南，是畜养马匹和骆驼的游牧民族。后来，他们征服了帕提亚，占领了该地区的大片土地，于是便以这片土地的名字为自己的国家命名。前 250 年至前 238 年，在阿尔沙克国王（Arsaces）统治时期，帕提亚人控制了大片的波斯领土，此前这些波斯领土一直处于塞琉古帝国的统治之下。自前 1 世纪开始，罗马人开始与帕提亚人争夺该地区的重要商道，致使两个帝国间的冲突与和谈交替上演。◆

激烈纷争 罗马人曾采取各种手段，试图终结帕提亚王朝。但哈德良（Adriano，见上图）更愿意建立长久的和平关系，于是设幼发拉底河为罗马和波斯两国的边界。

疆域

前 124 年至前 87 年，帕提亚由米特拉达梯二世（Mitrídates II，世称米特拉达梯大帝）执政。罗马帝国与帕提亚王朝仍以幼发拉底河为边界。在其统治期间，帕提亚王朝实现了最大规模的扩张。米特拉达梯二世对斯基泰人发动战争，征服了米底和底格里斯河流域的塞琉古帝国，吞并了亚美尼亚的部分地区。除此之外，面临罗马积极的扩张主义政策，米特拉达梯二世为了显示他传承波斯帝国的决心，自称"万王之王"。

◆ 帕提亚王朝地图与横穿其中的丝绸之路。

帕提亚王朝 —— 丝绸之路

建筑 巴尔米拉古城遗址清晰地展现出了其他几个帝国的文化印记。后来，帕提亚人发展了建筑艺术，部分研究者认为，这里的建筑风格是向伊斯兰建筑风格的过渡。

骑士形象的腰带搭扣，前2世纪

行进的骑兵

帕提亚王朝的军事组织没有常备军。贵族需要招募军队、自备武器装备以及发放军饷。帕提亚最有名的军种是骑兵，由骑手和身披铠甲的战马组成。这支由贵族成员组成的军队是帕提亚人在战争中获胜的保障。

纳巴泰人

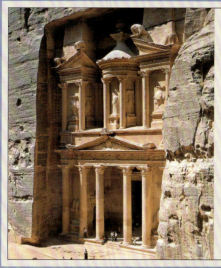

纳巴泰人是一个定居在阿拉伯半岛北部的经商民族，它的首都佩特拉是具有重大区域影响力的经济文化中心。纳巴泰人的对外扩张引发了与其他阿拉伯国家之间持续不断的冲突，然而，在达成和平协定、允许纳巴泰人保留领土大马士革后，纳巴泰的扩张进程也走到了尽头。之后，罗马人战胜了纳巴泰人，纳巴泰成为罗马的附庸国。

❖ 宝库，佩特拉遗址中最著名的建筑物之一。

巴尔米拉古城遗址的景象，叙利亚

巴尔米拉

巴尔米拉古城身处战略要地，因此，它是罗马帝国的征服计划中具有决定性意义的一环。巴尔米拉城是通向大马士革商道的必经之地，大部分来自北部的纳巴泰人在这座城市重新聚集。另一方面，巴尔米拉很快就成为罗马帝国最重要的基地，罗马人就是从这里向帕提亚人发起进攻的。

衰落

罗马的出现对于帕提亚王朝来说是致命的，它先后遏制甚至切断了帕提亚王朝发展的可能。罗马帝国深知巴尔米拉在战略和经济方面的重要性，因此谋划吞并巴尔米拉。

❖ 芝诺比娅女王（Zenobia）和一位女奴，创作于3世纪的浅浮雕，发现于叙利亚的巴尔米拉城遗址。

巴尔米拉古城的建筑风格充分体现了**古希腊文化的影响**，譬如在宫殿和公共建筑中，拱和圆柱被大量使用。

铜制双柄大花瓶

帕提亚人的艺术

与其他定居下来的游牧部落一样，帕提亚人吸收了被征服民族的传统文化。帕提亚艺术中有古希腊文化和伊朗艺术的痕迹，它们共同形成了一种新的、独特的艺术，且在帕提亚的艺术风格中，东方艺术一定程度上占据着支配地位。帕提亚人是高超的建筑师和雕塑家，他们的装饰技艺和日常手工艺同样很出色。

萨珊王朝

在中央集权的统治下，萨珊人建立了强大的战争机器，将罗马帝国逼入困境。在萨珊王朝的缔造者阿尔达希尔一世（Ardashir I）及其继任者沙普尔一世（Sapor I）的带领下，萨珊在与罗马的几场战役中获胜，帝国的版图达到了空前规模。经历了一段内部危机后，在霍斯劳一世（Cosroes I）统治时期，即531年至579年，萨珊王朝进入新的繁荣时期。直到希拉克略（Heraclio）执政，率领拜占庭帝国实现军事力量恢复，萨珊王朝的繁荣期才告结束。◆

阿胡拉·马兹达授予阿尔达希尔君权的浅浮雕

最高的社会等级

将神的意志加载到世俗皇帝身上是古代君王常用的手段，这在萨珊王朝也很常见。因此，维持严格等级制度的萨珊社会也不可避免地受到宗教的明显影响。皇室家族处于社会金字塔的顶端，仅在皇帝之下，皇族之下是特权阶级和朝中贵族。

塞普蒂米乌斯·塞维鲁

塞维鲁统治期间，即197年至211年，罗马帝国处于统一状态。塞维鲁因击败帕提亚王朝闻名于世，但在与萨珊人的对抗中，他遭遇了无可挽回的失败。

❖ 上图为塞维鲁王朝的缔造者普蒂米乌斯·塞维鲁的半身像。

沙普尔一世

沙普尔一世是阿尔达希尔的继承人，他打败了帕提亚人和罗马人，之后登上了萨珊王朝的皇位。这两位君主总是和他们击败罗马军团的战绩一同被人提及：阿尔达希尔战胜了罗马皇帝塞维鲁，沙普尔一世则打败了瓦勒良（Valeriano）。萨珊人通过高超的浅浮雕和雕刻技艺，向后世传颂着两位帝王的丰功伟绩。

❖ 沙普尔一世战胜并俘虏瓦勒良的浅浮雕，纳克歇·洛斯塔姆帝陵，其中埋葬着阿契美尼德王朝的历代君主。

萨珊遗迹

泰西封 世界上最高的砖制拱顶是这座2世纪宫殿的一部分。宫殿里有宽敞的接待大厅，以及按时间顺序描述宫廷生活的浮雕。

古尔 古尔遗址位于距波斯城市菲鲁扎巴德西北4千米处，该城由阿尔达希尔一世兴建，亚历山大大帝曾想征服这座城市，但未能如愿。

处女城堡 在古尔附近，萨珊皇帝阿尔达希尔一世又修建了处女城堡，并在这里增建了他的个人宫殿，以备夏季居住。

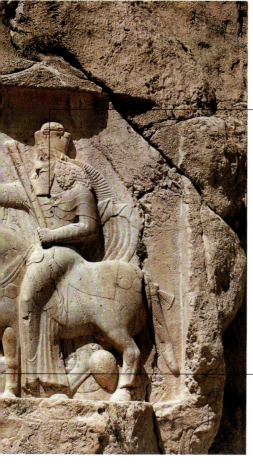

琐罗亚斯德教　又称拜火教，它认为阿胡拉·马兹达是造物主，他将天地分开，使只以精神存在的世界物质化。在创造了天体和世界之后，马兹达赋予了生命和死亡。

一个符号　在萨珊传说中，阿胡拉·马兹达亲自授予了君主一个代表统治权力的神环，赋予他神圣的使命。正因为他手中握有神环，任何造反或抗拒皇帝的行为都被与亵渎神灵联系在一起。

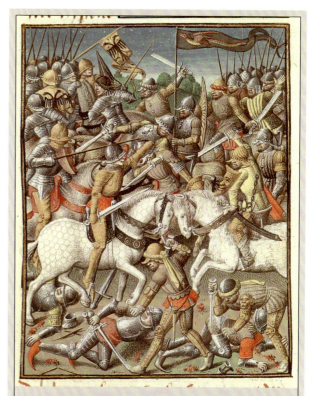

希拉克略的战争

霍斯劳一世缔造了萨珊王朝的和平期，到了他的继任者霍斯劳二世统治期间，拜占庭皇帝希拉克略登上历史舞台，萨珊的和平期就此结束。622年，希拉克略率领军舰抵达黑海，对亚美尼亚发动战争，结果萨珊战败，拜占庭帝国收复了小亚细亚的领土。随后，希拉克略入侵阿塞拜疆，于627年抵达美索不达米亚，在尼尼微再次打败了他的敌人萨珊王朝。

❖ 上图为希拉克略和萨珊人之间的最后一战。此后，希拉克略洗劫了霍斯劳一世最喜欢的宫殿，占有了他的大量财宝。

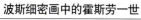

波斯细密画中的霍斯劳一世

霍斯劳一世

霍斯劳一世对敌人从不姑息，因长子涉及密谋颠覆其政权，他甚至弄瞎了自己的长子。他是高效的管理者，让萨珊王朝的发展进入了鼎盛时期，扩大了帝国的版图，推动了艺术和科学发展，并向富庶地区征收更高的赋税。

萨珊宫殿

萨尔维斯坦宫殿由方石和灰泥砌成，它是迄今保存最完好的萨珊建筑瑰宝之一。宫殿的平面图呈方形，宫内有一个小内院和一个覆盖圆顶的主厅。内院的两侧排列着很多房间，这些房间的屋顶由拱顶和小圆顶构成。

❖ 该宫殿始建于5世纪，因其所在地区得名"萨尔维斯坦宫"。

伊斯兰化

　　从 7 世纪开始，穆斯林就已对自古以来属于波斯帝国的领土进行征服。从此，伊斯兰教这个新兴宗教就以缓慢但不可阻挡的态势同化了该地区的所有国家。萨珊王朝也未能逃脱这种命运，整个伊朗都被纳入了伊斯兰教的统治范围，而萨非王朝是伊斯兰教在伊朗统治的第一个朝代。征服也就意味着不断加深的文化殖民，这改变了之后几个世纪该地区的面貌。宗教、语言、艺术和传统均受处于主导地位的伊斯兰思想的影响，进而发生了转变。◆

霍斯劳二世　霍斯劳二世是霍斯劳一世的孙子，他无疑是一位悲剧性的历史人物。事实上，他几乎灭掉了拜占庭帝国，并将萨珊王朝的疆域拓展到了埃及，但这段光景十分短暂。在此之后，他在监狱里被自己的儿子暗杀。

图为皇家清真寺，19世纪

伊斯法罕清真寺

　　16 世纪，伊斯兰教达到了极盛时期。各个地区广泛出现新的伊斯兰国家，它们中最强大的是奥斯曼帝国、莫卧儿帝国和萨非王朝。萨非王朝始于13世纪，其始祖是萨非·丁（Safial-Din），他的后人在伊朗建立了穆斯林征服波斯后第一个独立的帝国。16 世纪，沙阿巴斯一世（Abbas I）定伊斯法罕为帝国的首都。

萨非艺术　皇家清真寺是伊朗穆斯林艺术最伟大的体现之一。它宏伟的主入口高达27米，其上有一连串钟乳体，对称分布，令人印象深刻。

新的文化

　　倭马亚王朝在伊朗强制推行了旨在实现文化统治的特定规定。首先，他们设阿拉伯语为所有被征服地区居民的官方语言。然而，波斯人拒绝遵守这项规定，保留了母语的使用。但无论如何，波斯语中都融入了大量的阿拉伯词汇。此外，波斯人必须放弃使用导已接受的阿拉米字母表，改用阿拉伯字母。

大马士革

　　阿拉伯人在雅穆克河击败了拜占庭皇帝希拉克略后占领了大马士革。如此一来，倭马亚王朝的哈里发奥马尔能够指挥军队对抗萨珊人。在阿拉伯人的统治下，穆斯林保持了他们自身的文化、宗教和政治特征。事实上，他们只能与同族通婚，也不被允许学习被征服国家的语言和阅读其文学作品。

◆ 大马士革全景图，绘于17世纪。在哈里发奥马尔和继任者们的领导下，阿拉伯人强制推行他们的文化。

◆ 左图为穆斯林艺术中最具标志性的装饰品之一，大马士革出产的大花瓶，9世纪。

信仰的武器

穆斯林既未通过训练有素的军队，又不凭借可制服敌人的复杂武器，而是依赖一个更有效的工具——宗教信仰，达到征服他人的目的。

❖《驼队》，亚历山大·德坎普斯（Alexandre Decamps，1820—1860）。这些驼队就是伊斯兰扩张进程中的第一批"冲锋部队"。

伊朗的伊斯兰化

尽管阿拉伯文化在迅速渗透的同时也尊重其他现行信仰，但随着时间的推移，被征服地区的文化还是发生了巨大转变。比如，到了10世纪末期，大部分伊朗人均已接受伊斯兰教。伊斯兰化进程虽然缓慢，但毫不留情地席卷了古代的波斯－萨珊王朝。

❖ 伊斯兰化首先实现了文化认同，在文化征服后，又实现了自身的广泛传播。上图为印有穆罕默德话语的盘子，用阿拉伯文字书写。

萨马尼陵，9世纪–10世纪，布哈罗，乌兹别克斯坦

萨曼王朝

萨曼王朝，又称萨马尼德王朝，是哈里发阿巴斯王朝统治下的附庸国，也是阿拉伯征服波斯后第一个伊朗的埃米尔王朝。819年至999年，萨曼王朝对伊朗东部的行省行使高度自治权。实际上，这个帝国的领土自呼罗珊延伸到河中地区，它也是公认的支持使用波斯语的国家。在萨曼宫廷中，曾涌现了"波斯诗歌之父"鲁达基（Rudaki，859–941）和著名诗人菲尔多西（Ferdousi，935–1020）等名人。

社会和日常生活

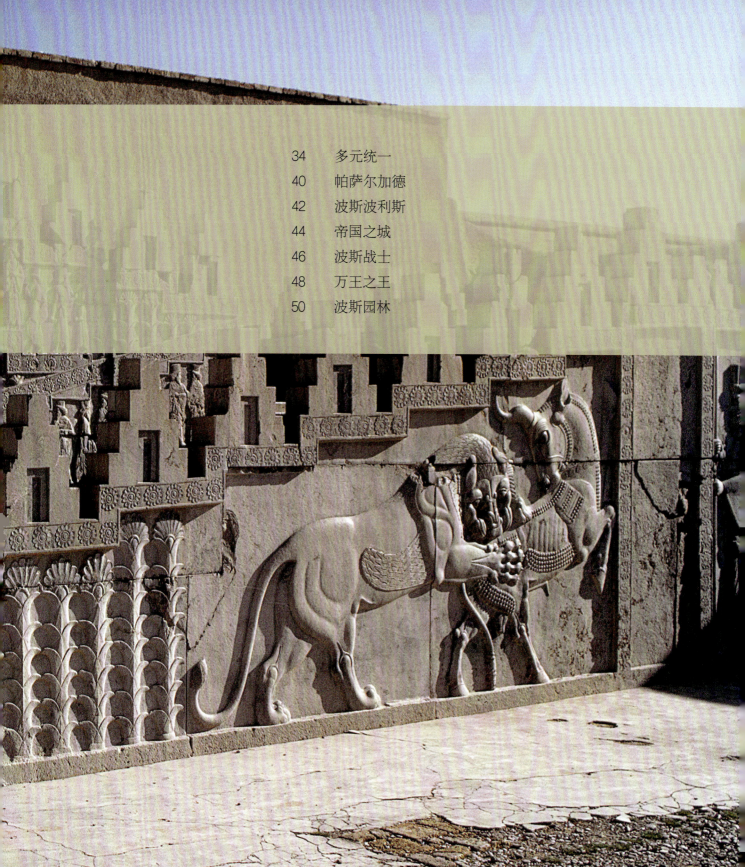

34 多元统一
40 帕萨尔加德
42 波斯波利斯
44 帝国之城
46 波斯战士
48 万王之王
50 波斯园林

社会和日常生活

多元统一

波斯社会有其独特之处。首先，波斯帝国自身的发展特点决定了它要依靠侵略战争不断扩张领土，这样才能成为一个世界性的帝国。从这一角度看，在某种程度上，可以认为波斯帝国的社会特点就和组成帝国的民族一样具有多元性。因此，多样性是贯穿波斯帝国始终的一个鲜明特征。

早期社会

前3千纪至前2千纪，在今天的伊朗领土范围内，一些各具特色的文化传播开来。戈尔甘文化在伊朗高原东北部和里海以东，而后向伊朗高原中部延伸。它的广泛传播得益于地处丝绸之路沿线的地区，以及频繁往来的贸易。游牧部落的入侵有可能是戈尔甘文化消失的原因。他们为后世留下了很多物品，能够让人从中推测他们的日常生活。可以看出，他们是技术高超的金属匠人、制陶匠人，因为他们留下了大量陶罐、陶坛、锤子、斧头和大头针。同时，他们也加工金银器，设计装饰性的珠宝，包括一些嵌有漂亮石头和水晶的链子。

在伊朗西北部，亚尼克文化得到了发展，它的形成来自高加索和安纳托利亚的部落。与戈尔甘文化不同，人们发现的亚尼克文物都是黏土碎片，较戈尔甘的文物更加粗陋，装饰性也略逊一筹。一些出土的建筑表明，亚尼克文化有地下建筑，多为圆形，入口在屋顶，与地面齐平。后来的房子则是方形的地上建筑，门在房子的一侧。

后来，这些文化渐渐消失了。在第一个千年，人们就已经发现了一些部落民族，他们将构成后世所说的波斯帝国。

从居鲁士到大流士大帝

从居鲁士到大流士大帝统治时期是波斯政治、军事和经济制度的构建时期。在这段时期，波斯设计出了一套发展战略，用明确的统治工具支持这一有着全新面貌的帝国。

波斯帝国依靠武力征服，以及其他民族和邻国的投降建立起来，它的规模不断扩大，直至成为同时代最强大的帝国。

波斯社会等级森严，仅有几个特定的特权阶层，普通百姓是各个行业的生产者。

皇帝处于社会顶层，他们象征着创世神阿胡拉·马兹达直接派遣的使者，因此皇帝是神管理尘世间一切事务的唯一代表。紧随皇帝这一神化的人物，是由贵族组成的少数群体，大部分人都和皇帝有着血缘关系，只有这个阶层的女性才可以成为皇帝的妻子。

❖ **神话形象** 波斯波利斯的狮鹫雕像。波斯人认为，神话动物象征着善与恶的力量。

❖ **浅浮雕**是帝国最重要的艺术表现形式之一。上图为波斯波利斯阿帕纳达宫的楼梯。

❖ **金银细工** 奢华的皇宫展现了帝国的经济实力。从首饰到日常生活中各式各样的物件，都是由手工匠人用金子和宝石打造出来的。左图为奥克瑟斯宝藏的一只手镯。

❖ 向投降国家**征税**是维持波斯帝国统治的基础。下图为向波斯皇帝进献动物的外国士兵。

波斯服饰

❖ ❖ ❖

波斯服饰的主要灵感来源是亚述和巴比伦，它融汇了两个地区的特色。其中最重要的是"坎迪斯"，一种羊毛质、棉质或丝质的宽袖长袍。为了和其他人区别开来，只有皇帝可以穿紫色的衣服。丘尼卡是人们普遍穿着的衣物，和前者相似，但多出一条腰带来固定。波斯人常穿一种用皮带绑在脚踝上的皮鞋。他们特别注重的发型和胡须通常都非常浓密、卷曲明显。贵族和皇帝有更加与众不同的细节：他们常在头发上撒一层金粉。服饰史研究表明，波斯人是最早发明内衣的民族。他们也很喜用刺绣贴花装饰衣服。

在贵族阶层，祭司有着特殊的重要性，他们让波斯皇帝和阿胡拉·马兹达的紧密关系变得合法化。除了领导宗教信仰，祭司们还通过直接与皇帝接触，或对各省的总督施加影响，参与国家大事。他们还有权为各种事件做出正义裁决。

另一个领导阶层由总督组成，他们是帝国各行省的最高长官。在他们的管理下，一众官员与管理者组成了每个行省政府的中坚力量。最终，他们向国王的监察官汇报总督的情况，后者负责监督公共事务的运作。

军事指挥官在波斯社会也是享有特权的阶级，他们一般是贵族的后代，也只有贵族才能加入让人闻风丧胆的波斯铁骑；另一方面，他们也是整个军队中装备最精良的作战单位。

社会金字塔的底层是广大的农民，他们之上是手工艺者和商人。

经济

不过，波斯帝国的主要财富来源是征收贡赋，每个被征服的民族每年都必须向皇帝进贡。通过这种方式，各个行省都必须根据当地的生产能力，为供养国家交纳贡赋，其形式是提供一定数量的黄金。另外，不同地区上交的贡赋各不相同，如果某些地区可以用贵金属上税，其他地区就只

能用香料和动物上税。依靠这种方式，如果埃及上交大量的小麦，米底人就要上贡牲畜。赋税政策不仅适用于被征服地区，也适用于邻国，它们以友好关系的名义，向波斯上交大笔财富。举例来说，埃塞俄比亚就曾向波斯进献黄金、象牙和乌檀木。

帝国的扩张也带来了地区间更大规模的贸易关系，商品交换明显增加。此外，波斯人也兴修新的商道、维护治安，这也刺激了贸易流动。

商业的发展促进了大规模铸币，可能是受吕底亚人的影响，这一浪潮很快席卷了整个波斯。在这些钱币中，有一些是大流士一世时期铸造的金币，也有一些是银币。

城市生活

波斯帝国的各个人口聚居中心不可避免地受到所在地域环境和气候的影响，且带有鲜明的地域特点。山谷中的居民分散居住，多数住在由砖坯或石头搭建的粗陋房屋中，他们的生活主要在日常劳作、缴纳赋税、服兵役、宗教信仰中度过。在伊朗的版图上，大部分地区属于干旱地区，高温导致这些地区的生活节奏非常缓慢。

波斯人的住房位置与社会等级紧密相关。贵族们的宫殿最宽敞，装饰也最华丽。

良好的饮食

❖ ❖ ❖

据传说，米底人崇尚饮食有度，他们将这一美德传到了波斯。然而，肉类，尤其是羊肉，是波斯人的主要食物。另一方面，帝国收获的动物贡品如此丰富，以至于日常饮食中肉类并不稀缺。事实上，一些研究表明，光是米底人每年就上贡 10 万多头羊羔，这些羊羔被分配到各个行省。日常饮食中也有波斯人自己播种的大麦、小麦以及其他谷物，这些谷物产自埃及等不同的地区。统治阶级并不会舍弃任何美食，在他们的饮食搭配中，充满了各色珍馐和饮品，且均被盛在奢华的金银碗盘中。

❖ **皇家护卫**　居鲁士和大流士大帝改革了军队，并将其变成一支卓有成效的征服机器。下图为装备着盾牌和长枪的卫兵，前 5 世纪的浅浮雕。

可以看出，这些城市的设计具有一定的规划，各城区或地段通常聚集了同一社会阶层的居民。某些情况下，人们甚至建起城墙以明确社会等级的不同。一般来说，贵族区拥有面积最大的绿地——花园，也有最纯净的饮用水。几乎所有城市都具备这样的共同点：它们有极其复杂的小巷网络，连接不同的区域。只有城市中才有集市区或者人流密集的大市场，各个阶层的人都来这里采购物品和以货易货。此外，城市中设有广阔的区域存放商队卸下的货物，商人们经常和几十头、有时甚至上百头动物一起进城。

谈到装饰，波斯人会吸收来自帝国各个被征服民族的文化特点和设计，这也得益于商队和进贡者们的流动。在贵族区和那些富丽堂皇的建筑里，彩釉砖的装饰引人注目，它们构成了绚丽多彩、极富美感的壁画。同那些旨在显示赫赫战功、描绘对抗全副武装的敌人的壁画一样，描绘动物和神话形象的壁画也独具特色。

古代波斯人使用的官方语言是原来的阿契美尼德语，迟至3世纪，新的萨珊王朝逐渐推行阿拉伯语。几个世纪过后，直到9世纪，当原来的波斯人重掌权力时，波斯语才渐渐地恢复。

女性的地位

现有的考古学记载表明，波斯女性被排除在政治和宗教生活之外。实际上，没有能证明她们参与政治和宗教生活的浅浮雕，或者说，这样的浮雕没能保留至今。比如，在波斯波利斯，主要的朝代都会在这里留下自己的印记，刻画自己视角下的帝国发展，但这些浮雕里从没有过女性的身影。甚至，很明显就能看出，在侍奉君主的侍从里也没有女性。

据专家研究，确切地说，在居鲁士二世执政期间，波斯人推行佩戴面纱的习俗，以此作为保护女性纯洁的方式。后来，伊斯兰教普及了这种做法。贞洁被视为女性应珍重和保护的美德，因此，波斯的艺术作品因从不出现女性裸体形象而与众不同。

但另一方面，女性在日常生活中有着不可替代的地位，她们做着和男性同样的工作。贵族女性似乎拥有更大的自主权，她们甚至有可能参与到政治和贸易事务中。

❖ **细密画** 穆斯林对帝国的征服使新的美学得以推行。如这幅绘有正在花园里沉思的男人们的细密画（左图），就代替了那些石制的纪念性建筑。

战士的帝国

如果没有居鲁士和大流士大帝推行必要的军事改革，波斯帝国就不可能雄踞一方。他们推行了军队改革，给长期战役调配充足的兵力，提供精良的作战装备。此外，他们还特别重视各个作战单位的培养，在持续几个世纪的时间里，这些波斯兵种在专业领域内无人能敌。

弓箭手极为出色地发挥了他们的职能。他们负责向敌人的先头部队上空射出成千上万、能够遮天蔽日的箭支，造成敌军大量伤亡并击溃对方阵型。随后，轮到波斯步兵行动，他们的人员数量是如此庞大，以至于在开阔场地很难击败他们。步兵中最精锐的是不死军，是为肉

搏战特别训练的部队，他们的凶猛剽悍具有传奇色彩。波斯人也会应用其统治地区或交往地区使用的新式战争手段，如投石兵部队、弓箭手和长矛手、穿行于队列间的象兵部队。

❖ **弓箭手**是战争中最重要的作战单位之一。上图为苏萨王宫的彩釉砖檐壁。

帕萨尔加德

帕萨尔加德是广阔的波斯帝国的第一个首都，由居鲁士大帝下令修建，居鲁士还在那里建起了宏伟的召见大厅。之后，在这座城市还修建了帝王的陵墓，其结构几乎完好无损地保存下来。总体来说，帕萨尔加德是一个考古资源的宝藏，具有丰富的建筑遗迹，比如，成排的高大立柱、墙壁、浅浮雕和刻有铭文的柱子。一些复原的细节证明，阿契美尼德王朝的装饰艺术具有精细的审美风格，这可能是受美索不达米亚和埃及的影响。◆

记录

考古发现并确认，古代阿契美尼德统治者们以石头为载体（如石碑），记录了帝国政治的发展。例如，在其中一块石碑上刻着："我是居鲁士，阿契美尼德之王。"大流士继承了这种传统，并命人雕刻了更多这样的铭文。

❖ 最初的几位阿契美尼德国王赋予铭文特殊的重要性，下图为居鲁士时代一根刻有铭文的石柱。

帕萨尔加德遗址全景图

首都城市

帕萨尔加德城坐落于设拉子东北部、海拔约 2000 米的高原上，它是最重要的考古遗迹之一。实际上，这个居鲁士大帝的都城也是阿契美尼德王朝的第一座首都，它的遗址在 2004 年被联合国教科文组织列入《世界遗产名录》。

王座山

在帕萨尔加德北部的一座山峰上，可以看到一些遗迹，据推测，它们是居鲁士大帝的皇家建筑。根据这个遗迹群的名字推测，它曾经很可能是容纳居鲁士大帝王座的建筑。该建筑坐落在一块面积为 8 000 平方米的平地上，它的一些墙壁保存至今，这些墙壁由巨大的方形石块垒砌而成。

❖ 防御要塞"塔勒塔克"的景象，"塔勒塔克"即"王座山"，其设计和规模赋予了它坚不可摧的特点。

宏伟宫殿

　　帕萨尔加德遗迹聚集了几座主要建筑，如居鲁士的召见大厅，它的特点是拥有宽广的大厅，四周被很多柱子和黑白色石头堆砌成的墙壁围绕。它的门廊和高墙也让人印象深刻，其上有大型浅浮雕。

❖ 居鲁士大帝觐见大殿接待厅接合处的细部。

居鲁士大帝墓顶的**建筑**为矩形结构，侧边长5米多一点，高6米。墓室自身不算大，由1.5米厚的实心砖墙包围起来。屋顶是双坡顶。

居鲁士大帝墓全景图

居鲁士大帝墓

　　居鲁士大帝墓距离他生前所住的宫殿很近。作为皇帝的魂归之所，居鲁士大帝墓伫立在帕萨尔加德的中心，它可能也是阿契美尼德王朝遗址保存最完好的一个。居鲁士大帝墓的经历很奇特，实际上，直到20世纪之前，人们一直认为，居鲁士大帝墓中安放着所罗门王母亲的遗骸。13世纪时，阿塔巴克清真寺被建在居鲁士大帝墓附近，它的大部分毗连该建筑遗址。在1970年至1980年这十年间，人们复原了居鲁士大帝墓的原始设计。

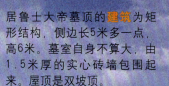

居鲁士大帝墓有着和庙塔相似的设计，都是用很大的**方形石块**建造而成。陵墓的地基尺寸是13.50米×12.20米，地基之上是面积逐层缩小的基座。

波斯波利斯

波斯波利斯于前 520 年左右由大流士下令兴建，它是波斯帝国最重要的遗产之一。大流士之子薛西斯一世继续修建，皇孙阿尔塔薛西斯一世完成修建。该城坐落于伊朗东南部的高原之上，面积超过 10 公顷。波斯波利斯每年只被使用一次，就是在新年庆典期间，来自帝国各处的达官显贵们在此期间要向皇帝献上贡奉。◆

陵墓　阿尔塔薛西斯三世被埋葬在波斯波利斯城中的山嘴上。波斯人未曾在波斯波利斯兴修庙宇，但确实修建了一些祭坛，用于膜拜他们的神灵。

城市的**驻军**驻扎在城市的一侧边缘，因为守卫城墙、保护往来商人需要大量的士兵。

大流士时期波斯波利斯城的结构

考古研究

在查尔斯·奇皮兹（Charles Chipiez）和乔治·佩罗特（Geroges Perrot）的努力下，波斯波利斯的复原得以实现。他们在 19 世纪考察了波斯波利斯城，并对考古细节和波斯人使用的材料做了记录，因此人们才对其有了更多了解。比如，宏伟的砖墙是空心的，仅有表面一层砌着石头。此外，奇皮兹画出了他想象中的大流士时代的宫殿群。

保护　波斯波利斯城四周被城墙有效地保护了起来，人们能够站在城墙上俯瞰周边的领土。波斯波利斯的城墙确实坚不可摧，足以抵御任何进攻。

万国门

波斯波利斯城的所有建筑中最引人注目的便是它的西侧入口，也就是万国门。它的灵感来自亚述建筑的外形，高达 5.5 米。它的屋顶由四根超过 18 米高的棕榈树形柱子支撑，柱子顶端像是棕榈树的叶子。

❖ 该区域的入口前有两只巨大的雕刻石牛（左图）。

百柱厅 百柱厅作为王座大厅为人所熟知，这是一个边长70米的正方形建筑。百柱厅得名于支撑着它的百根柱子，它是波斯波利斯最大的宫殿。

宝库 积累了波斯帝国不断扩张和影响力带来的巨大财富，来自帝国各处的金银器都被妥善地收存保管起来。

大流士的宫殿 几乎与阿帕达纳宫相连，与后者相比，它面积较小。在其右侧有一块没有屋顶的空间，阿尔塔薛西斯一世在此修建了他自己的宫殿。

万国门 是波斯波利斯最重要的通道之一。它位于城市西部，面向城南的出口通往阿帕达纳宫庭院，面向东边的出口通往观见队列行进的道路。

阿帕达纳宫 由大流士大帝下令修建，紧邻百柱厅，后者是整个城市最重要的建筑。阿帕达纳宫是作为召见大厅使用的，君主就是在这里接见前来进贡的群臣和各国使节。

帝国之城

　　苏萨城是曾经的埃兰首都，于前5千纪建立，也是波斯帝国的主要首都之一。这里坐落着大流士的宫殿，还有那些由彩釉硅砖装饰而成的壮丽檐壁，其中最醒目的是一块弓箭手檐壁和另一块装饰着带角有翼狮的奇特形象的檐壁。苏萨城中沉睡着一个拥有先进文化的社会，它的建筑宏伟壮观，有很多巨大的柱子；那一时期的金属冶炼技术能够塑造雕像和精美的金银细工器物。在这座城市中还发现了前埃兰文字。◆

主要商道

　　苏萨城曾是新石器时代最古老的聚落之一。苏萨城高处有一些坟墓，里面曾发现了大量瓷器碎片，这表明苏萨城的发展意义重大。考古挖掘还发现了一些刻有前埃兰文字的黏土板。

◆左图为一件在苏萨发掘的陶器。高30厘米左右，容量4升，上有优美的动物纹装饰。这些器物被摆放在墓主身边。

汉谟拉比石碑是在苏萨发掘的珍宝之一。在它的顶部可以看到，汉谟拉比（Hammurabi）从沙玛什神（Shamash）手中接受282条法律的浮雕。该石碑现收藏于巴黎卢浮宫博物馆。

亚历山大大帝

　　亚历山大大帝结束了波斯帝国的统治。在战场上，马其顿军队纵横驰骋，亚历山大大帝在前331年取得了战争的胜利。次年，也就是前330年，总督贝索斯（Bessos）下令刺杀大流士三世，自立为王。一年后，亚历山大大帝处决了贝索斯，征服了整个伊朗的领土。

◆波斯征服者——亚历山大大帝的婚礼，安德烈亚斯·穆勒（Andreas Muller）作品。

形象艺术在埃兰人和波斯人中几乎有着无法撼动的地位。在它雕刻的人物形象中，君主、战士和外国的贵族最为常见。在他们刻画的自然形象中，以树木和神话动物最具代表性。

神话动物的彩釉硅砖檐壁，大流士皇宫；苏萨

壁画艺术

埃兰人的彩釉砖艺术超凡脱俗。它是一种精细的技术，也是巴比伦人常用的技艺，常用于装饰苏萨的宫殿和主要的建筑。此外，埃兰人在颜色和对比的使用方面非常擅长，这些元素经常用于突出设计中那些与众不同的部分。

艺术表现上的**神话形象**可能源于宗教。埃兰人和波斯人相信善神和恶神的存在，他们认为应该崇拜善神，抗争恶神。

考古重建

埃兰的古代首都——苏萨，是一个具有重要历史和文化意义的考古遗址。考古人员在那里发现了数量众多的金属工艺品，尤其是青铜工艺品，它证明，埃兰人已经掌握了先进的冶炼技术。城中还发现了一个坟墓，表明那里已经建立了墓葬制度，举行过墓葬仪式。

❖ 苏萨城遗址的全景图，从中可以看到多个建筑的废墟。

混合鼻是艺术家的主要灵感来源。狮子更普遍的是有双翼和角的狮子，是使用最多的形象之一。

波斯战士

　　波斯扩张主义的主要动力是人数众多、骁勇善战的强大军队。军事指挥使用的战术相对简单：几千名步兵进行碾压式的正面攻击，而士兵们行动之前是杀伤性极强的箭雨。据史料记载，即使是最晴朗的天空也会被箭雨遮蔽。骑兵是由贵族们组成的，他们随后驾着身披铜甲的坐骑对敌阵猛冲。波斯军队的最后一个组成部分是一个特殊的作战单位，也就是为人们所知的不死军，它因士兵数目保持固定不变而得名，不死军的嗜血程度令敌人闻风丧胆，甚至连自己人都惧怕。同时，波斯还拥有一支举足轻重的海军，拥有 500 多艘战舰。◆

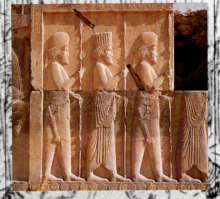

不死军

　　不死军是一支精锐的作战单位，他们组成了皇帝的御林军。不死军的成员从米底和波斯战士中严格选拔，其数量始终保持在 1 万人，战死士兵、伤员和病患都会被替换掉，直到补足 1 万人为止。

❖ 波斯波利斯城，战士檐壁的细节图，短剑和长枪是波斯战士的主要武器。

斯巴达士兵虽战斗英勇，但并不能阻挡具有压倒性数量优势的敌人。与希腊人一样，波斯人也使用盾牌和头盔，骑兵部队还装备着骑手和穿戴特殊战甲的战马。

镶嵌细工，栩栩如生的墙面

弓箭手经常在战争中最先行动，他们向敌军射出成千上万支箭矢。左图为苏萨的弓箭手檐壁，他们装备着弓、箭袋和长矛。

波斯的宫殿被一支特殊的护卫队兢兢业业地守卫着。左图为波斯波利斯阿帕达纳宫的浅浮雕细节，展示了士兵们的面孔。

波斯帝国频频发动战争，萨珊王朝期间，帝国的内部战争和对外战争持续不断。左图为巴赫拉姆三世（Bahram III）手持长矛与敌军战斗的浅浮雕。

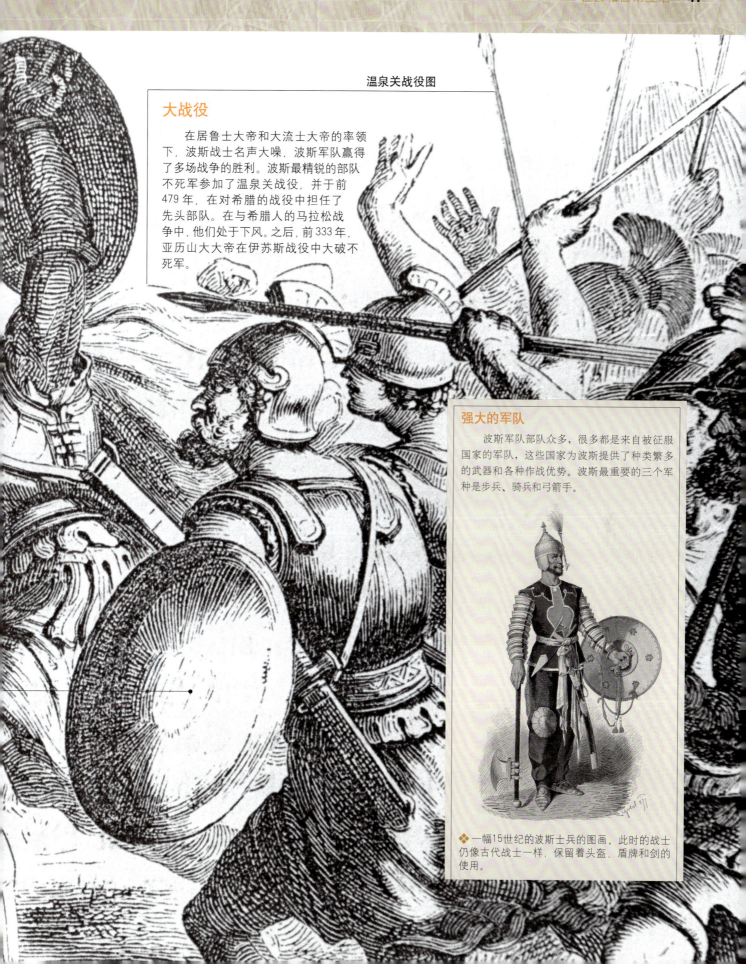

温泉关战役图

大战役

　　在居鲁士大帝和大流士大帝的率领下，波斯战士名声大噪。波斯军队赢得了多场战争的胜利。波斯最精锐的部队不死军参加了温泉关战役，并于前479年，在对希腊的战役中担任了先头部队。在与希腊人的马拉松战争中，他们处于下风。之后，前333年，亚历山大大帝在伊苏斯战役中大破不死军。

强大的军队

　　波斯军队部队众多，很多都是来自被征服国家的军队，这些国家为波斯提供了种类繁多的武器和各种作战优势。波斯最重要的三个军种是步兵、骑兵和弓箭手。

❖一幅15世纪的波斯士兵的图画。此时的战士仍像古代战士一样，保留着头盔、盾牌和剑的使用。

万王之王

　　阿契美尼德王朝的皇帝接受了"万王之王"的称号，这源于他们强大的权力、广阔的疆域和巨大的影响力。特别是大流士一世，他加强了阿契美尼德王朝的军力和征服能力，并且下令在首都波斯波利斯的城墙上，留下了各个被征服国家向他朝贡场面的石头浮雕。波斯人是技艺高超的雕刻家，他们将皇帝的伟大功绩、臣服地区的恭顺——也就是广阔帝国各个地区献上礼物和贡品的场面，变成了不朽的艺术。◆

大流士大帝的写照

　　大流士大帝下令在其主要宫殿修建了许多浅浮雕，以彰显他在军事战争中取得的胜利。这个作品的特色在于，展示了由不同国家上层人士组成的恭敬的朝贡队列，他们中特别突出的是亚述人、吕底亚人、犍陀罗人、帕提亚人、印度人、埃兰人、爱奥尼亚人、米底人和斯基泰人。这项工程最终在大流士一世的皇子及继承人——薛西斯一世在位期间完工。

巨型队列

　　波斯波利斯宫殿的浅浮雕主要集中在阿帕达纳宫的阶梯旁和大厅里。在所有浮雕中，献上贡品的使节们都体现出进退合宜的风度和恭顺的态度，这从他们面向皇帝坚定、稳重并高高举手的姿势中即可看出，有时他们也把手举到面前，以示对面前这位最伟大君主的尊敬。在某些墙上，这种纪念性建筑甚至有三层人物浮雕。

❖ 波斯波利斯，阿帕达纳宫楼梯上朝贡队列的浮雕细节。

形形色色的礼物

波斯波利斯浅浮雕上最常见的贡品就是来自纳贡地区的动物。左图为两个赶绵羊的亚述人。

向大流士展示骆驼贡品的帕提亚人（左图）。石头上也雕刻了斯基泰人进贡的数匹骏马。

印度使团（左图）向大流士进献贡品。可以看出，篮子里的是细口小瓶，瓶里可能是印度饮品或者香料。他们也进贡异国的谷物和水果。

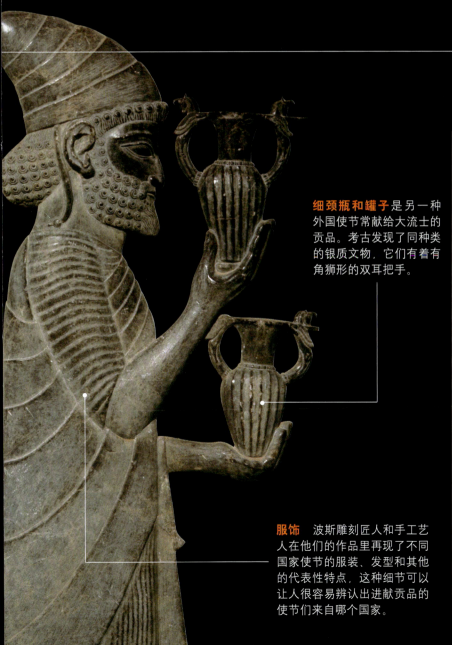

亚述使节进献了两个钵，从考古发现的类似文物来看，它们可能是金钵。贡品中比较常见的是首饰，比如，加工精美的戒指和臂环。

细颈瓶和罐子是另一种外国使节常献给大流士的贡品。考古发现了同种类的银质文物，它们有着有角狮形的双耳把手。

服饰 波斯雕刻匠人和手工艺人在他们的作品里再现了不同国家使节的服装、发型和其他的代表性特点，这种细节可以让人很容易辨认出进献贡品的使节们来自哪个国家。

君主的骄傲

对大流士大帝来说，这些贡品都是对他无上权势的最佳体现。这样一个喜欢夸耀自己丰功伟绩的君主，下令在自己的最后一个住宅里写下了这样的话语："我统治他们，他们向我献上贡品。我令他们做什么，他们就做什么"，也便不足为奇了。

❖ 朝贡队伍的细节图，波斯波利斯城，伊朗。

波斯园林

波斯园林是波斯人社会生活和精神生活的个人专属领域。人们认为，最早的一批波斯园林建于前4千纪，这在该时期的陶制文物上可以找到证据；居鲁士大帝本人为自己位于帕萨尔加德的宫殿赋予了特殊的重要性。几乎所有的波斯园林都被视为一个封闭的空间，其中，植物和水被认为有让人增加灵性、人与自然和谐相处的功能。◆

伊斯法罕王侯广场的正面，伊朗

波斯园林的范式

这座园林最明显的特点是，相比于建筑设计，它更重视自然元素的使用。整个园林都被树木、灌木和植物所包围，一个特别的要素就是建筑前方正中的喷泉。如此一来，它就同时具备了波斯园林最重要的两个元素：树和水。

在一个波斯花园里，17世纪的图画

和谐的源泉

尽管波斯园林因受其他文化的影响而有所改变，比如，阿拉伯和莫卧儿文化为其注入了装饰性元素，但它仍然扮演着人与自然和谐相处的重要角色。简单的野花、参天大树和水源联系在一起。

居鲁士的宫殿

波斯人对绿地的喜爱要追溯到居鲁士大帝时代，他在帕萨加尔德的御座就面向宫内的花园。此外，他的住所有着宽阔的小径，周围植被环绕，小路两侧是专门设计的水渠，里面流淌着灌溉用水。

◆ 阿帕达纳宫和所罗门之母的陵墓，帕萨尔加德，伊朗。

喷泉不仅拥有美学上的重要性，也是维护花园的命脉。在一个夏季温度如此高的地区，维持园中草木生机勃勃的绿意和凉爽宜人的环境是基本要求。

碎石小路是波斯园林的常见元素，常用于分割草坪。一般来说，公园里还有一些可供人休息、享受自然环境和氛围的僻静之处。

中央楼阁是波斯园林的另一个特征。它的主要功能是提供足够的阴凉，就像通常补充其侧面楼阁的部分一样。

艺术中的花园

　　花园在波斯的迷你画、壁画和挂毯中经常出现，这清晰地反映了它对波斯人的重要性。这种艺术倾向从伊斯兰对外征服开始变得更加流行，因为艺术作品中禁止使用圣人形象，导致波斯的艺术创作重新寻求诠释的方向，那就是转而采用自然中的元素。

❖ "玫瑰园里的萨阿迪"，苏尔坦·阿里·马莎迪（Sultán Ali Mashhadi）诗歌的插图迷你画，15世纪。

永恒的生命标志

　　在波斯波利斯城的浅浮雕中，波斯文化对花园的青睐也有所体现，很多浅浮雕中都绘有树木和花朵。一些作者给花园赋予的重要性甚至超越了美学范畴，凸显出了一种深奥的宇宙观。由此，波斯花园才在艺术作品中频繁出现。根据这种阐释，波斯花园是一种生命的标志，代表了在最恶劣的地理和气候条件下也能长盛不衰的生命力。

❖ 上图为波斯波利斯宫殿的一个装饰性浅浮雕。它位于一个楼梯的外立面上，上面刻有很多松树，松树之下是一簇簇的花朵。

尘世天堂

　　在干旱炎热的气候下，波斯人将园林视为天堂，给予了特殊的关爱和格外细心的照料。由此，波斯人将花园当做休息、会谈和消遣的理想之所也就在情理之中了。除了作为一个寻求心灵平静、用于休闲的场所，波斯花园也是波斯人社会生活的场地。

❖ 上图为17世纪萨非王朝的壁画，图中有两位正在交谈的贵族。

神话与信仰

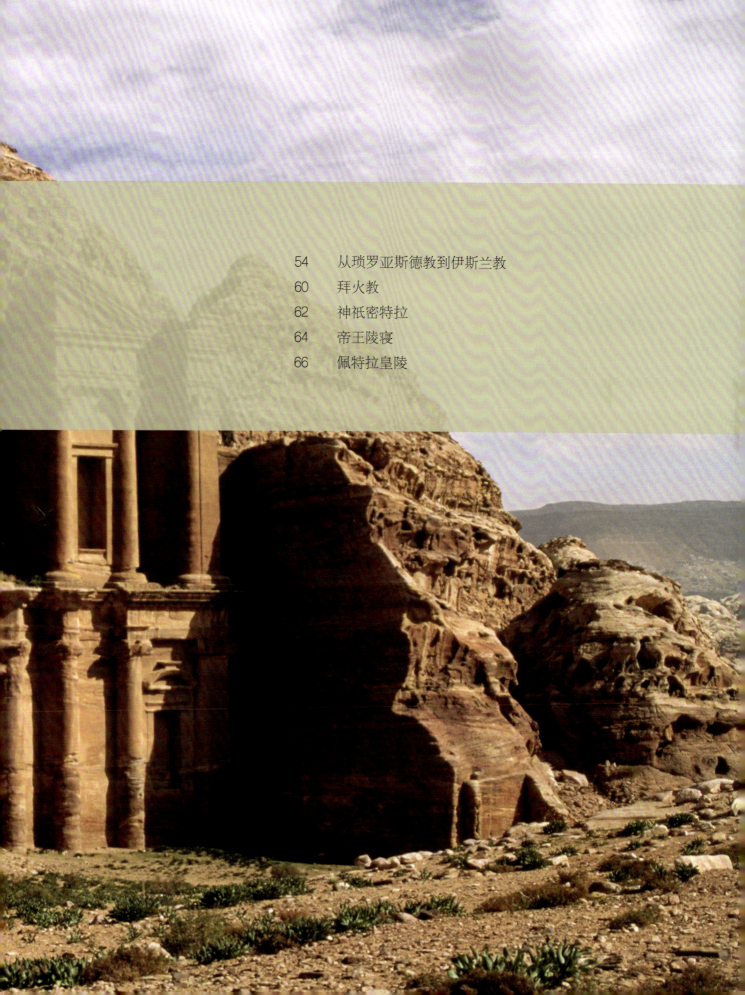

54　从琐罗亚斯德教到伊斯兰教

60　拜火教

62　神祇密特拉

64　帝王陵寝

66　佩特拉皇陵

神话与信仰

从琐罗亚斯德教
到伊斯兰教

古代波斯帝国宗教生活的特点是当局对宗教采取包容政策,这种包容态度意义重大。居鲁士二世的态度就是一个佐证,他在占领巴比伦后,曾允许犹太人回到耶路撒冷,重建他们的圣殿。居鲁士并不是唯一一个对其他信仰采取开放政策的君主。他之后的几位皇帝既没有采取政策阻止被征服地区信仰原生宗教,也不强制他们信奉波斯的神。

即使多个古代文明都是多神信仰,波斯帝国的多神信仰依然不可避免地受到了冲击。到前6世纪,多神论因一神论的兴起而中断,当地宗教的面貌也因此而彻底改变。这个一神论的信仰以唯一的创世神阿胡拉·马兹达为中心,它的传播从琐罗亚斯德布道开始。

❖ **宏伟** 佩特拉修道院,约旦。从它的正面可以看出波斯统治时期建筑的宏伟壮丽。

琐罗亚斯德教的时代

琐罗亚斯德(Zoroastro),又称查拉图斯特拉(Zarathushtra),对他形象的描述都记录在传说之中。尽管人们认为,他的生卒年在前660年到前550年之间,但没有确切的证据证明历史上确有此人。虽然根据传说,琐罗亚斯德是一个苦行僧智者,在巴克特里亚地区的游牧民族之中传教,但他很快就被伊朗的波斯人同化了。据说,在开始传教前,他退隐苦修了10年,这期间,阿胡拉·马兹出现在他面前,让他传播自己的教理。

从此以后,琐罗亚斯德走上了他的传教之路,前往城市中心并和那些游牧部落建立了联系。传说也指出,

尽管受到神明庇护,他仍可能死于谋杀。据称,在琐罗亚斯德弥留之际,阿胡拉·马兹达救赎了他,用雷电卷裹着他的身体升入天堂。琐罗亚斯德在死前留下了一部经典,其中记载了他最重要的思想,这部经典就是《阿维斯陀经》(Avesta)。

多个古代资料,特别是来自希腊的资料表明,琐罗亚斯德的真名是斯皮塔玛·查拉图斯特拉(Spitama Zarathushtra,意为"出色的战士"),他的父亲普鲁萨斯帕(Purushaspa)是一位祭司。琐罗亚斯德对穷人和身处不幸的人抱以仁慈之心,并向他们提供支持。他最主要的目的似乎是要寻找最为公正的人及其行为中的真理,他致力于通过冥想思考人类的行为。于是,他确立了这样的一种思想:迷信是通往善路、拥有高尚行为的障碍。

据传说,琐罗亚斯德布教的第一个追随者是他的表兄麦迪奥马那(Maidiomaná)。后来,希斯塔斯佩斯(Histaspes)也成为他的信徒。希斯塔佩斯是一个游牧民族的首领,为了使附近其他的游牧民族也信仰该教而发起了一场激烈的战争。渐渐地,这些部落放弃了对其他几位神祇的信仰和游牧生活,当他们定居下来时,成为最早信仰该教的核心国家或地区之一。

❖ **圣火祭坛**　波斯皇帝们是太阳神（注：太阳神、光神密特拉是阿胡拉·马兹达的化身之一）的信徒，为了纪念该神，皇帝命人建起祭坛，上面燃烧着净化之火。

永恒之战

琐罗亚斯德区分出两种力量："善"与"恶"，它们处在永恒的斗争之中。前者是善神阿胡拉·马兹达代表的力量，而后者是安哥拉·曼纽（Angra Mainyu）代表的力量，它是神子之一，是代表毁灭、邪恶的神灵。

琐罗亚斯德在他的教义里指出，人的一生就是善恶两种力量斗争的战场，只有善彻底战胜了恶，斗争才会停止。因此，琐罗亚斯德教或者说拜火教提倡的教规就是：通过冥想、追求真理和虔诚推动正确、仁善的行为不断增加。

神圣的经典：阿维斯陀经

据传说，琐罗亚斯德的教义是建立在写于 12 000 张牛皮上的金字经文基础上的。这部最早的经文，也就是人们所知的《阿维斯陀经》，它在波斯和马其顿的战争之中遭到了厄运，当亚历山大大帝占领波斯波利斯城时，《阿维斯陀经》被焚毁，其补充经文也遭受了同样的命运。此后，经过多个世纪，直到 1771 年，法国学者杜贝隆（du Perron）研究并翻译了《阿维斯陀经》，人们才对它有了更深入的认识。根据他的研究，《阿维斯陀经》由一整套作品组成，共 21 册，据说，大部分都是由琐罗亚斯德本人写下的。这些书中的最后一本记述有作者自身的生平，也有对世界末日的预言。

❖ **艺术表现**　尽管波斯人并不偏好以修建庙宇的方式敬拜神灵，但他们还是在檐壁和浅浮雕上雕刻了最高神的形象。左图为展翼大鸟形象的阿胡拉·马兹达，波斯波利斯，伊朗。

另一方面，善和恶的力量分别有着同类神的支持，其中主要是六位善神和六位恶神。

在帮助阿胡拉·马兹达的善神中，艾霞·凡许达（Asba）是真理之神，沃夫·马南（Vobu Manah）是仁慈之神，他犒赏那些在善良之路上行进的人。与他们相对的则是那些伪神（daeva）或恶神。

根据希罗多德的阐述，拜火教徒并不实行偶像崇拜，建造的庙宇也很少。在智者琐罗亚斯德死后，他的信徒们在山中向天、火、日、月、水祭祀，或者向其他被认为是神或者神的代表的东西祭祀。几乎在所有的情况下，这些神都符合上文所说的相对的善恶二元论，每个神都有他们的对手。因此，植物和永生的守护女神阿美里塔（Ameretat）就有与其对应的恶神扎里驰（Zarich），即衰老之神。

相信这些从属神的存在与忠实信奉唯一的创世神阿胡拉·马兹达并不矛盾，因此，琐罗亚斯德教被认为是一神教。

另一方面，琐罗亚斯德明确地谴责信仰异教神的行为，他尤其谴责任何形式的动物祭祀仪式，因为动物对于农业社会的发展至关重要，比如，象征善良的牛和狗。在任何情况下，血祭这些动物都被认为是最严重的罪行。

琐罗亚斯德教的另一个基本教义是对人行为的道德衡量，琐罗亚斯德认为，人应该凭意识和意愿选择自己该走的路。因此，从这个角度看，希腊人将琐罗亚斯德教视为一个哲学流派，而非一种宗教，也就顺理成章了。

在琐罗亚斯德教的一些宣传地区，其传播引来了不少敌意，尤其被一些皇室的祭司和巫师所忌惮，这是因为在拜火教徒高超的技巧下，他们自身的影响力流失了。当时的祭司、巫师和政治权力联系紧密，他们手中掌握着神化皇帝为阿胡拉·马兹达在尘世唯一代表的所有解释权。除了为皇陵守墓，他们还为皇帝加冕，通常伴随着拜火教徒以朴实和纯洁的名义提问的仪式。

琐罗亚斯德教影响巨大，这从东方和西方世界的多个宗教和哲学流派中都能看出。实际上，波斯地区的宗教思想是摩尼教、清洁派、阿尔比派善恶二元论思想的主要来源之一。

摩尼教的思想

摩尼（Manes 或 Mani）是伊朗的宗教领袖；生于3世纪，他创立了一个宗教学派，即人们知道的摩尼教。他的思想被记录在几本科普特文字的手写本和其他后人写的手写本中。他布道不久，摩尼教就开始扩散，并穿越国境在波斯、巴勒斯坦、叙利亚、埃及和中国深深地扎下根来。据传说，摩尼在年轻的时候就获得了神灵的启示，开始了他的布道生涯。

密特拉的信仰

◆ ◆ ◆

密特拉（Mitra）是古代波斯和印度都信仰的众神之一。他是太阳神，并和阿胡拉·马兹达一样是仁慈的神，他也是"灵魂的审判者"。密特拉神在罗马帝国有着特别重要的地位，大量的雕像、檐壁和手工艺品上都有着密特拉神的形象。密特拉神通常戴着弗里吉亚人的帽子，凭其心意大显神通、施展伟力的形象出现。尽管在一些研究里并没有把密特拉和源自印度－伊朗的神联系在一起，但可能是琐罗亚斯德教向西方的传播将密特拉的信仰带到了罗马。对于罗马人来说，密特拉神是一支秘密信仰，其信徒只有男性。因为它是战士的保护神，所以尤其被军人们信奉。尽管最开始的密特拉庙宇和祭坛都是秘密建造的，大部分都在岩洞中，但随着时间的推移，它越来越向正统宗教靠拢，这使供奉密特拉神像的神庙能够更加光明正大地修建起来。

摩尼教的教理也建立在对抗、孪生的善恶二神的存在上，认为人的救赎可以通过教育、冥想、禁食、禁欲和摒弃私欲实现。

摩尼的传教获得了一些萨珊王室成员的追捧，这再一次引起了企图独揽宗教大权的波斯祭司们的警惕。皇帝沙普尔一世是摩尼的支持者，但当巴赫拉姆一世（Bahram I）登基时，摩尼教不再拥有皇室的支持，摩尼的命运也就此终结；他被控告为异教徒，可能被囚禁并且遭受了残酷的折磨。关于摩尼的结局，各种资料中的描述并不一致。

◆ **陵墓群**　岩壁人工雕凿的一面，坐落着纳克歇·洛斯塔姆帝陵，它是波斯最重要的考古遗址之一。下图中，从左至右分别是阿尔塔薛西斯一世、薛西斯大帝和大流士大帝的陵墓。

❖ **信仰** 密特拉是源于印度－伊朗众神中最为重要的神祇。下图是一个典型的罗马密特拉形象，展现了密特拉正在宰杀一头公牛的场面，2世纪。

直到636年，双方军队在卡迪希亚战役中对峙，也就是今天的伊拉克境内，哈里发奥马尔取得了最终胜利。奥马尔的胜利为阿拉伯穆斯林向波斯首都进军铺平了道路，而首都泰西封无力抵抗阿拉伯人的侵袭，最终被萨珊放弃，随后被阿拉伯人大肆掠夺。

萨珊人和穆斯林之间的冲突持续了一段时间，但在7世纪中叶，穆斯林已经统治了美索不达米亚和伊朗的部分地区，很快，伊朗高原的剩余地区也被征服了。

自此之后，穆斯林就致力于在被占领地区逐渐推行穆斯林化，但同时又不丧失自身的文化和宗教统一性。由此，他们就向非穆斯林强加了一些限制，尤其在信仰和衣着方面加以规定。当时，非伊斯兰教的信仰占据优势地位，其中最重要的宗教是琐罗亚斯德教，但阿拉伯人要求这些宗教服从伊斯兰的势力。随着时间的推移，情况持续改变，到了10世纪，几乎该地区的所有人都信奉了伊斯兰教。

另一方面，伊斯兰化改变了波斯这个古老帝国的日常习惯和文化生活，最为突出的改变就是阿拉伯语被确定为官方语言，推行一些伊斯兰法律、法令，它们成为整个社会和个人生活的指导规范。

穆斯林的征服

7世纪，先知穆罕默德出现并开始他的传教以后，伊朗地区的宗教分布情况彻底改变了。穆斯林，这些虔诚的信徒开始了对波斯的征服，从而使萨珊帝国的失败、拜火教的国教地位逐渐式微成为定局。

波斯的伊斯兰化进程必须追溯到穆斯林掌权时期，这时他们掌控了阿拉伯领土，占领了叙利亚草原和巴勒斯坦。阿拉伯人的统治稳固之后，他们向萨珊人发起了战争，此时的萨珊正处于削弱状态，霍斯劳二世的离世立刻引发了继承危机。尽管帝国被削弱，伊嗣侯三世（Yazdgard III）统治时期，面对穆斯林的侵略，萨珊人还是赢得了几次胜利，比如河桥战役（634年）。不久，阿拉伯人在叙利亚打败了拜占庭人，而后集中力量攻打萨珊波斯。

琐罗亚斯德的善恶观

琐罗亚斯德教的传统是一神论，信仰唯一的主神——宇宙中每一个天体和地球上所有生物的创造者阿胡拉·马兹达。阿胡拉·马兹达也创造了善和恶，这两种对立、斗争的力量决定着生命的善恶方向。这样一来，凡人的肉体和灵魂一样，都是造物主的作品。尽管琐罗亚斯德教认为，神的存在是至关重要的，但人仍拥有自我意志和良知，可以自行决定个人前进的道路。如此，选择善还是恶取决于人自身，而这种选择在很大程度上取决于人所受到的教育和所采取的行为。这种信仰和伊斯兰教有很多共同之处，因此，在几个世纪的进程中，琐罗亚斯德教得以被穆斯林信仰同化。确实，在《古兰经》中，正直和纯洁的行为也被特别看重。这部穆斯林经典也涉及区分各种生活准则，它们都能被信徒应用到社会和日常生活中的方方面面。

❖ **造物**　琐罗亚斯德教认为，阿胡拉·马兹达先创造了男人，之后又用一颗种子创造了女人。上图为萨非波斯时期的迷你画，15世纪。

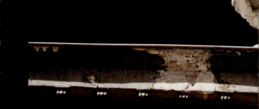

拜火教

　　这个被琐罗亚斯德创造的新宗教，其教义主要源于阿胡拉·马兹达神的启示。它在萨珊王朝时已经成为国教，君主则利用它给自己披上了"神之意志在人间的代言人"的外衣。拜火教将智慧、真理和抵制邪恶作为它的主要准则。除此之外，拜火教也支持通过冥想和祈祷达到一种心境，来获得正念和正确的行为。然而，拜火教的霸权地位导致拜火教祭司对其他的信仰愈发不宽容。◆

琐罗亚斯德

　　琐罗亚斯德也以查拉图斯特拉的名字为人所知。人们普遍认为，他是一位生活在前8世纪至前7世纪的智者。据传说，琐罗亚斯德见到了阿胡拉·马兹达显圣，神亲自授予他宣讲真理的使命。据专家研究，琐罗亚斯德在奥克瑟斯山谷和米底亚传教。波斯人甚至将他的教诲变成指导君主们的法令。

❖ 拜火教的创立者——琐罗亚斯德的画像，亚兹德，伊朗。

琐罗亚斯德讲述的历史

　　根据琐罗亚斯德的教诲，人类历史的发展是按照琐罗亚斯德教的四个基础阶段展开的。第一阶段，善和恶诞生；第二阶段，大地和自然界被创造；第三阶段，第一个男人——迦约马特（Gayomart）出现了；第四阶段，即最后一个阶段，是善和恶的决战，这场战斗一直持续到前者赢得胜利为止。

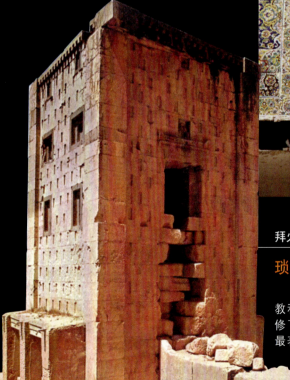

拜火庙的遗址

琐罗亚斯德的信仰

　　萨珊王朝时期，拜火教成为国教和唯一被允许的信仰。王朝增修了一些重要的国教神庙，其中最著名的是在纳克歇·洛斯塔姆帝陵兴建的拜火庙和方形琐罗亚斯德塔楼，位于波斯波利斯附近。

最高祭司

使拜火教成为国教的主要倡导人之一是祭司卡提尔（Kartir），沙普尔一世授予了这位祭司政治和宗教上的特权。卡提尔强行使人们接受皇帝和阿胡拉·马兹达之间存在着直接联系，说服人们相信皇帝就是神的命令的执行者，而他本人也没有放弃以暴力的方式达成这一结果。为了实现他的目的，卡提尔明显表现出对其他信仰的极度排斥。

❖ 3世纪，卡提尔形象的浅浮雕，位于纳克什·拉贾布遗址。这位祭司是萨珊王朝唯一一个在帝国社会阶层中达到特权阶级地位的平民。

智慧之主

"阿胡拉·马兹达"的意思是"智慧之主"，它的基本含义和同义词是善。他是一位全知全能的造物主，创造了神圣的秩序，创造了大地和自然，也对人世间发生的事情有着绝对控制。

❖ 阿胡拉·马兹达的形象有很多种，但最为常见的是展开双翼的鸟的形象。

至高地位　琐罗亚斯德指出，唯有阿胡拉·马兹达是值得崇拜的神。但在萨珊王朝时期，拜火教在中东地区和其他信仰并存，如基督教和摩尼教。

新宗教　萨珊王朝时期，神庙有所增加，描绘阿胡拉·马兹达和他在人间的使者——波斯皇帝的艺术形象也增加了。萨珊艺术迎合了这种潮流，创作了许多极具美感的艺术作品。

神祇密特拉

密特拉是太阳神，也是对米底人和波斯人来说非常重要的神明，以至于在那个时期他的形象经常出现在阿胡拉·马兹达旁边。密特拉信仰融入了其他文化并吸收了新的信徒，比如罗马人，他们将密特拉信仰同化为神秘的、仅限男性信奉的地下信仰。密特拉也作为太阳神被纳入了印度的《吠陀经》中。与在波斯不同，密特拉在印度并不是一位享有至高无上地位的神祇。◆

密特拉旁边的阿尔达希尔和阿胡拉·马兹达，浅浮雕

在罗马帝国

人们公认，密特拉信仰在前1世纪左右被罗马帝国接受。罗马人将密特拉神的形象描绘成一位身强力壮的年轻男子，他能亲手杀死一只血液中蕴含着永生之力的健壮公牛。此外，密特拉形象非常突出的一点是：他总是戴着一顶弗里吉亚人的帽子。这种信仰很快就传播开来，但只有男性组成的秘密团体参与其中。他的信徒对密特拉神发誓，保持自身的诚实、纯洁和勇气。

◆ 罗马人赋予密特拉信仰的重要性可以从数量繁多的艺术作品中表现出来。下图为密特拉杀死公牛的雕像，收藏于大英博物馆，伦敦。

伊朗和印度神祇

无论是在波斯还是在印度众神中，密特拉都是最为重要的神祇之一。密特拉是太阳神，密特拉信仰自前1世纪起在罗马帝国中的影响力不断加强，与此同时，基督教也在这里开始了早期传播。《吠陀经》也将密特拉与诚实、友善联系在一起。在密特拉的主要象征意义中，最重要的是对真理和正义的捍卫。

密特拉 从伴随阿胡拉·马兹达为阿尔达希尔加冕的浮雕中可以看出，密特拉在波斯举足轻重，该浮雕位于塔克·布斯坦。密特拉以头顶环绕阳光、手持神杖的祭司形象出现。

阿胡拉·马兹达 创世神和万物之主，是波斯众神之首。他就是善神本身。根据波斯传说，他也是负责将人世间的统治权授予皇帝的神。

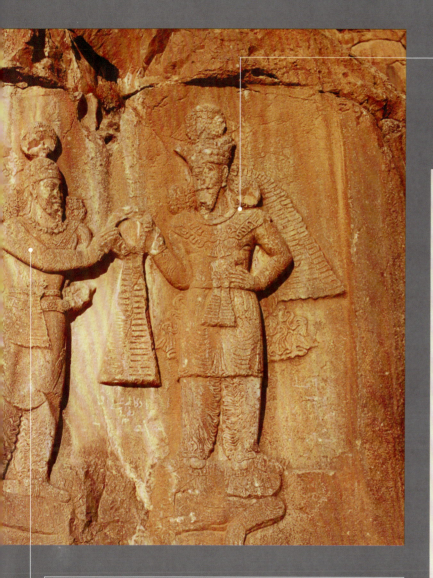

有利的联合　将国王和神联系在一起，实际上替代了社会和政治教化战略的作用，并且成效斐然。在臣民面前，皇帝是神的使者，忤逆皇帝就意味着对神的不敬。

祈求和代表

　　波斯皇帝们经常祈求密特拉的庇佑，在军事战争中尤其如此。然而，由于米底－波斯人并不习惯大肆供奉神像，因此，密特拉形象并非随处可见。但是受罗马影响，密特拉形象普遍出现在艺术作品中。

❖ 上图为密特拉神诞生场面的雕像。

❖ 上图为罗马密特拉神庙遗址的景象。女性不能参与对密特拉的崇拜活动。

神秘的信仰

　　罗马人对密特拉信仰给予了特殊的重视，特别是其和军事有关的部分。实际上，这种信仰只向了解内情的人开放，缺乏成为国教、被民众公开信奉的条件。在罗马的几个地区和城市中，密特拉神庙有所增加。其中一所神庙在19世纪中叶被发现，当时，罗马的圣克莱门特教堂就位于神庙之上。

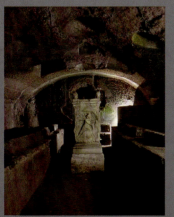

❖ 圣克莱门特教堂地下室的细部，里面有密特拉神的浅浮雕。

帝王陵寝

　　波斯皇帝以非常特殊的标准选择他最后的居所。他们认为，皇陵应为嵌在山体内部的独特建筑，这样才配得上大帝国的君主。纳克歇·洛斯塔姆的陵墓群建在波斯波利斯城附近，陵墓群包括几位最重要的阿契美尼德君主的陵墓，大流士大帝的陵墓就在其中。◆

皇陵的全景图

纳克歇·洛斯塔姆陵墓群

　　纳克歇·洛斯塔姆陵墓群距离波斯波利斯城 3 千米，它是最重要的波斯文化考古遗迹之一。在那里的岩石壁之上坐落着 4 个阿契美尼德王朝皇帝的陵墓：大流士一世、大流士二世、薛西斯一世和阿尔塔薛西斯一世。这面墙壁的后方还有两座陵墓，分别是阿尔塔薛西斯二世和阿尔塔薛西斯三世之墓。

圣火祭坛

　　对波斯人来说，对火的崇拜往往和众神、君主联系在一起。实际上，在波斯波利斯城建起的圣火祭坛就标志着这种联系及其纯洁性。后来，当拜火教成为唯一的官方宗教时，阿尔达希尔下令重建祭坛，以便琐罗亚斯德的信徒能够在那里进行朝拜。

◆ 上图为两座在伊朗纳克歇·洛斯塔姆墓群发现的圣火祭坛。

伊朗纳克歇·洛斯塔姆的皇陵

十字形正面

　　这些陵墓有一个共同点：正面是十字形的外观。除了大流士一世墓，其他陵墓上均未镌刻准确表明墓主身份的铭文。

风格统一 陵墓群中所有陵墓均采用风格统一的浅浮雕，发起人是萨珊波斯的皇帝们。

大流士一世墓

最重要的皇陵

大流士一世墓是墓冢群中最宏伟的陵墓。在其上方可以看到一面浅浮雕，浮雕上是由一群人抬着的波斯皇帝，皇帝面向圣火祭坛，祭坛和皇帝中间的神明是阿胡拉·马兹达。

萨珊浅浮雕 在这些意义非凡的浅浮雕中，最为突出的是江河女神阿娜希塔（Anht）授予纳塞赫（Narsés）君权的浅浮雕，后者是沙普尔一世的长子，描绘沙普尔一世战胜罗马皇帝瓦勒良的浅浮雕也非常醒目。

陵墓的**入口**有4个立柱，其上的铭文这样写道："我是大流士，伟大的王，王中之王，统治各族人民的万国之王，统治这片广阔疆域之王。"

向前朝致敬的萨珊波斯

一些阿契美尼德王朝的皇陵上雕有浅浮雕，详细刻画了墓主的丰功伟绩或萨珊王朝统治者的突出建树。阿尔达希尔一世和沙普尔一世格外喜欢在阿契美尼德君主们的陵墓正面加上这类浮雕，以便将萨珊王朝和早期波斯大帝们的盛世相类比。

❖ 霍尔米兹德二世是4世纪初期的萨珊波斯皇帝，右图为展现他用一根长枪击败马背上敌人的浅浮雕。

佩特拉皇陵

佩特拉城坐落在约旦的西克峡谷中。前1世纪左右，纳巴泰人在此地着手建造他们的传奇首都。大约4个世纪后，佩特拉城竣工。这项工程如此宏伟，以至于需要上千名男子加入艰苦的劳作中。值得一提的是，墓群中的每一座陵墓都有自己的特点。当佩特拉成为罗马帝国扩张政策的战略支撑点时，它的命运就注定了。直到19世纪早期，佩特拉的建筑遗产才被西方所知。◆

神秘

对不知道佩特拉城的西方人来说，它是个神秘的城市。这个说法是有事实依据的：只有该地区的阿拉伯人了解佩特拉城。约翰·路德维格·贝克哈特（Johann Ludwig Burckhardt），一位研究伊斯兰教和阿拉伯语言的瑞士学者乔装成穆斯林智者，以祭祀先知亚伦（Aarón）为名，力排"不忠者们"的反对意见后，才得以进入佩特拉城。

❖ 西克峡谷，隐秘的佩特拉城入口。1812年，贝克哈特使佩特拉城为世人所知。

佩特拉皇陵的结构

战略性位置

纳巴泰人是集中活动在巴勒斯坦南部和东部的民族。佩特拉是纳巴泰人的首都，建于距死海东南方向近100千米处。前4世纪至1世纪是佩特拉城的繁荣时期。佩特拉城的战略性地理位置使其成为商队货物的集散地，这些大商队来自阿拉伯、印度和红海。罗马人很快就对其虎视眈眈，意图拥有对佩特拉城及其周边商道的绝对控制权，而该城实际上与帕提亚帝国接壤。

宫殿冢　所有墓冢群中最大的墓冢，其原始高度超过了它坐落的岩石的高度。宫殿冢的特点之一是它共有4个内室，其中2个内室是相通的。

科林斯墓　宽度和高度达28米，带有鲜明的希腊风格，与宝库的建筑范式相似，是佩特拉的另一个著名建筑。如今，科林斯墓已经严重损毁。

丝绸墓　被另一座墓和几个小墓室包围，饰有古典的纳巴泰双重飞檐，由4根立柱支撑着，这4根立柱都依靠在墓穴正面的墙上。

风化的颜色

西克峡谷　佩特拉隐藏在沙漠气候的阿拉伯谷地，此地风蚀严重，从西克峡谷的岩石即可见一斑（左图）。

丝绸墓　侵蚀最为严重的陵墓正面之一便是丝绸墓（左图）。然而，由侵蚀塑造出来的景致却令人叹为观止。

宝库　富含矿物质的粉尘使山谷的正面有了各种反光效果（左图为宝库），在夕阳的照射下格外独特。

骨灰盒墓（厄恩墓）　得名于墓冢正面的石制实心骨灰盒，这座建筑或许不仅仅是一个陵墓。实际上，贝都因人认为在两层连拱廊之下是地牢。

佩特拉城内的主要地点

1 方尖碑墓
2 宝库
3 方尖碑院
4 罗马战士墓
5 文艺复兴墓
6 露天剧场
7 皇陵
8 塞克斯提乌斯·弗洛伦提努斯墓
9 女儿宫
10 狮子餐厅

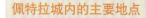

避免盗墓是建造者们的要求之一。墓冢正上方的3道窗户位置很高，各自通向独立的墓室。中间的窗户上安放着一座身穿长袍男子的雕像。

厄恩墓的正面和内部结构图

厄恩墓内部

厄恩墓嵌在一个深深的凹坑中，墓室内空如庭院，有20米宽，每侧都有两列立柱，它的后面是内室。根据墙壁上的铭文，5世纪，墓室被改建成教堂，两个壁龛连接起来形成了一个拱顶。

拱顶　是由两个壁龛连接而成的。

内室　十分宽敞，尺寸：19米×21米。

庭院　在岩石内部深凿而成。

立柱　位于门庭的两侧。

文化遗产

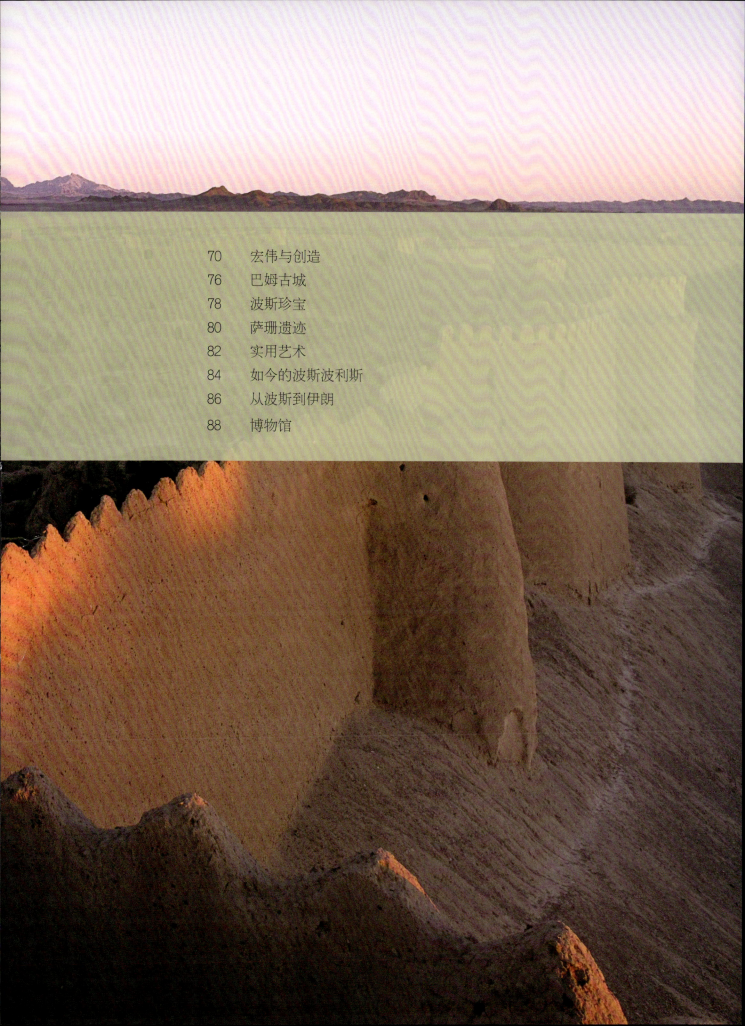

70　宏伟与创造

76　巴姆古城

78　波斯珍宝

80　萨珊遗迹

82　实用艺术

84　如今的波斯波利斯

86　从波斯到伊朗

88　博物馆

文化遗产

宏伟与创造

在波斯帝国的各个历史发展阶段中，艺术创作是波斯帝国文化发展的基石，对那些强盛朝代的颂扬和刻画反过来也使这些时代的辉煌进一步延续。因此，纪念性建筑、具有表现力的浮雕和雕像、精致的文学作品和绘画均成为表现波斯在东方世界特权地位的有效手段。但与此同时，波斯人并未践踏被征服民族的文化，相反，他们十分珍惜并取其精华，为己所用。后来，从萨珊王朝被穆斯林征服开始，波斯本土艺术和文化因吸收了穆斯林文化遗产而更加丰富。随着世纪更迭，穆斯林文化的霸权地位也最终确立。

波斯建筑是波斯帝国席卷天下历史进程的最好体现。对古代的阿契美尼德人来说，纪念性宫殿、陵墓群无不是他们丰功伟绩和征服成就的写照。另外，庄严宏伟的穹顶、巨大的门和凯旋门，以及总是覆盖着浅浮雕和檐壁的宽阔大厅和石阶，充分彰显了这个世界性帝国曾经的光荣与辉煌。

波斯建筑中吸收了希腊文化的巨大立柱，几乎所有立柱上都装饰有雕刻成狮子头或狮鹫头的华丽柱头。

尽管波斯建筑的纪念性特点十分突出，但波斯的实用性艺术也值得一提，比如，金银细工中倾注了波斯人高超的冶金技术。

金银细工的素材里充斥着金、银、宝石等珍宝，这是各征服地区不断上缴贡赋的结果。波斯的金银细工为皇帝和他那奢侈豪华的宫殿锦上添花。手镯、戒指、耳环、颈饰、王冠和所有种类的奢华器物在皇室宝物中应有尽有，手工艺匠人打造的珍宝是皇帝权势的直接写照，甚至日常生活中的各种用具，比如，碗、盘子、杯子都是用最贵重的金属辅以极尽华丽的设计制成的。

波斯文化的其他表达形式，比如文学和音乐，虽不如上述波斯艺术形式那样举世闻名，但也同样出色。

文学

前7世纪至公元7世纪是前伊斯兰波斯文学的发展时期，它们由古波斯语和米底语写就，创作量很小，内容几乎仅限于由琐罗亚斯德所著的《阿维斯陀经》经文，但也曾迎合宫廷喜好创作了一些史诗歌谣。

自从穆斯林征服了波斯，当地语言就融入了许多阿拉伯元素，使其转变为一种文学语言，其中融合了宗教信仰和语言。这种融合最早在萨曼王朝统治时期显现出来，也就是9世纪至10世纪。

◆ **金狮** 混合兽是阿契美尼德王朝经常使用的装饰元素，其中最常见的是有翼狮。下图为前5世纪的文物。

❖ **城市的设计**　波斯人用坚固的城墙保护城市。上图为巴姆古城全景。

实际上，9 世纪左右，波斯诗歌明显受到了阿拉伯文化的影响。波斯诗歌的主要体裁是史诗、教学诗、叙事诗和抒情诗。

一个世纪以后，鲁达基的作品为他赢得了"波斯诗歌之父"的名号。后来，在《阿维斯陀经》古典经文的基础上，一种新的史诗被创造出来，诗人马尔瓦齐（Marvazi）就是该类史诗的代表，他可能是 910 年版本的《列王纪》（Libro de los reyes）的作者。975 年，菲尔多西也撰写了新版《列王纪》。达吉基（Daqiqi）和菲尔多西被认为是波斯最伟大的民族诗人。实际上，菲尔多西是最知名的《列王纪》

❖ **拱顶和立柱**是大型宫廷建筑的一个常见元素，皇帝居住在不是为自己专门建造的宫殿中是一件非常罕见的事。

波斯的艺术和政治

❖❖❖

阿契美尼德王朝的艺术总是为皇帝服务的。艺术品由皇帝提议创作，御前的祭司们负责给出建议，而品级稍低的官员则负责将统治阶层对艺术品的要求付诸实践。

在任何情况下，无论大型建筑还是体积最小的奢华器物，艺术品都要能证明皇帝和众神之间的关系，赞美皇帝的形象以及他们肩负的神圣使命。

各行各业的手工艺匠人来自帝国的各个行省，这些地区的手工艺各有专长。在萨珊王朝统治期间，这项传统依然持续，以至于一些作者认为这种表达方式有些"过时"了。另一方面，在穆斯林征服早期，这种艺术倾向有所改变，部分原因在于伊斯兰教不崇拜神的肖像。

的作者，这部作品叙述了从源头阿契美尼德王朝到萨珊王朝的波斯帝王史。

13 世纪下半叶到 14 世纪初是波斯诗歌的黄金时期。在此期间，涌现了萨迪（Sadi）、鲁米（Rumi）、哈菲兹（Hafiz）等诗人，他们主要是抒情诗的代表。该时期有一部不同凡响的长篇叙事诗，名为《玛斯纳维》（Masnavi），这部作品的主题围绕 4 个核心展开：叙事长诗、浪漫主义、神秘主义和哲学思考。

《玛斯纳维》中最脍炙人口的一篇是《真理之园》（El jardín cerrado de la verdad），它是神秘主义诗人萨纳伊（Sana'i）的诗歌。而诗人鲁米则以《玛斯纳维》中具有浪漫主义倾向的作品见长。

14 世纪，波斯文学已有的文学形式经历了一段发展的枯竭期。尽管如此，仍有一些作家在韵文和散文两个领域创作成就突出，比如，多产的波斯诗人贾米（Jami）。

波斯散文在数量上较为稀少，但也有一些里程碑式的杰出作品。其中最重要的波斯散文之一是菲尔多西为《列王纪》撰写的前言，它是这部恢宏史诗的基础。由塔巴里（Tabari）翻译为波斯语的《古兰经》评注也值得一提。到了 11 世

❖ **金银细工** 在萨珊王朝的统治下，奢侈品手工艺迎来了巅峰时期。左图为翼马纹盘，6世纪。

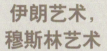

❖ 在山壁上凿刻**雕像**是波斯艺术家和建筑师们的专长。下图为薛西斯门，波斯波利斯。

伊朗艺术，穆斯林艺术

❖❖❖

穆斯林艺术也受到了伊朗的影响，最明显的证据之一就是萨马拉壁画。萨马拉是坐落在巴格达北部的一座美索不达米亚城市。在9世纪的半个世纪中，萨马拉一直是阿拉伯帝国的首都，这里兴建了多座宏伟的宫殿，比如，哈里发穆塔西姆(al-Mu'tasim，833—842在位)那座覆盖着大理石和彩色镶嵌画的宫殿。

这座宫殿中有许多色彩鲜艳的壁画，它们打破了倭马亚传统，反倒体现出一种波斯风格。萨马拉城的绘画刻画了宫廷生活、狩猎、节庆舞蹈和皇家宴会等场面，人物众多。

在这些人物形象中，女性最引人注目，她们多为舞者或狩猎者。她们身上的装饰繁复，佩戴许多伊朗和中亚特色的首饰。壁画的一大特点是，里面的人物形象都以全身或整体的四分之三示人，并且是侧面像。

纪和12世纪，出现了一部与众不同的作品——《卡布斯教诲录》(Qabus-nameh)，该作品以指导实践、教导行为准则的文章为主，是教育性散文中最出色的作品，作者是昂苏尔·玛阿里(Unsur al-Mo'ali)。到了13世纪，萨迪出现了，他被认为是波斯最伟大的散文家。

18世纪末期的波斯文学达到了新的高度，此时，它开始更加主动地接受欧洲文化的影响。到了19世纪，作家齐伊姆·马奇姆(Qi'im Maqim)脱颖而出。

19世纪末期，一个文学流派开始逐步扩大影响，越来越多地出现在文学创作中，这是一类以深厚民族情感为主题的政治性和社会性作品。这个文学流派受到当时一场动摇了伊朗的政治危机的严重影响，并导致许多知识分了和艺术家热切地参与其中。这场运动在1906年到1911年立宪运动期间达到高峰。此后的诗歌更加彻底地反映了危机中的伊朗和它的转变。第二次世

界大战以后，这场文学运动深入发展，诞生了一种打破陈旧的诗歌表达方式的革新派文学，其中还融入了自由诗这种新时代的文体。

音乐

如果说在波斯文化的发展中，文学和建筑有着极高的地位，那么音乐创作也是如此。

❖ **黄金**是波斯金银细工不可或缺的原材料。下图为前5世纪的狮像杯。

关于波斯音乐的信息，人们最早是从希腊的史学家那里得知的，尤其是希罗多德和色诺芬（Jenofonte），他们都曾记录了一些阿契美尼德王朝仪式上所演奏的音乐的特点。

然而，在萨珊王朝时期，人们留下了最早关于波斯音乐的古代资料。人们由此得知，霍斯劳二世是艺术家的热心保护者，他在宫里接纳了许多音乐家和乐师。他们中有纳基萨（Nakisa）和拉姆廷（Ramtin），还有创立音乐体系的巴尔巴德（Barbád）。巴尔巴德将音乐体系分为7种君王调

式、30种分调式以及360种旋律，每种旋律对应着萨珊太阳历中的一天。

波斯古典音乐的基础是"拉笛夫"（radif），由被称为"达斯特加赫"（dastgah）的7种调式组成，用多种弦乐器（如塔尔琴，源语言为tar）演奏，以这些弦乐器为基础衍生出了各式各样的乐器，比如，吉他和西塔琴。伊朗穆斯林对波斯在音乐领域的征服也伴随着改变和融合，使波斯音乐和穆斯林音乐相互补充，彼此汲取营养。

然而，在阿拉伯势力介入之初，音乐被波斯认为是腐败、轻浮的艺术，并由此禁止一切音乐。但阿拔斯王朝统治时期（750—1258），情况发生了彻底改变，这一时期，为满足宫廷生活的消遣需要就得允许音乐演奏。从此，伊朗音乐家们就能在帝国的各个地区演奏了，尽管他们都使用了穆斯林的名字，并用阿拉伯语写下他们的作品。

就这样，波斯为伊斯兰文化带来了诸如齐尔雅布（Ziryáb）、阿维森纳（Abú Alí Siná）和阿卜杜·卡迪尔（Abdolghadé）等音乐家和学者，自身也迅速成为真正的伊斯兰教音乐中心，其影响很快波及印度的穆斯林群体以及其他地区。与此同时，波斯音乐的影响力与日俱增，反过来也促使波斯音乐不断吸收阿拉伯、土耳其和中亚的音乐特点。

独特工艺

古代波斯人留给后世最有影响力的文化遗产之一便是陶器彩釉工艺，它是一种以有色黏土浆或掺入金属氧化物颜料的白色黏土浆为釉浆的绘画工艺。黏土充当黏合剂使用，随后在其上涂抹清漆，使色彩更加鲜艳。波斯人用这种工艺制造了很多小型器物，如不同规格的盘子、瓶子和碗。在萨马拉和内沙布尔都发现了由这种工艺制作的文物碎片。除此之外，它还多用在著名的阿契美尼德王朝的檐壁上，宏伟的墙壁上是用彩釉砖镶嵌成的波斯形象，比如，战士（弓箭手檐壁）、一些动物形象（如狮子）或混合兽（人面翼狮）等。但无论如何，它们都是排成行的侧面像，毛发、胡须和双翼的细节无不细致入微。这种工艺的效果毋庸置疑，因为岁月的风霜并未影响其保存，很多遗迹几乎完好无损。

❖ **形象与颜色**　绘有两头人面翼狮斯芬克斯（Esfinges）的檐壁，在斯芬克斯上方是一只双翼展开的鸟。

巴姆古城

巴姆古城被认为是中东历史上最悠久的城市之一，它矗立在伊朗东南部的克尔曼省。古城位于沙漠地区，是世界上最大的土坯建筑群。高墙的保护使其免受沙暴和劫掠往来商队的强盗的侵扰。巴姆古城内部容纳的建筑多种多样，有些非常豪华，还有足以囤放大量货物的房屋。加上古城最高处的要塞的面积，巴姆古城的总面积约为 18.5 万平方米。◆

巴姆古城全景图

历史古城

巴姆古城的起源和发展与丝绸之路密不可分。古城始建于前 6 世纪，邻近巴基斯坦，处于战略要地。它的大部分建筑是在萨非王朝，尤其是在 16 世纪和 17 世纪重建的。1722 年阿富汗人入侵，巴姆古城首次被遗弃。19 世纪中叶，该城被再次遗弃。

城市**内部**的景象十分奇特：清真寺、住宅楼、一个大集市、供商队们休息的旅店和百姓的住房、广场，以及无数挤满了小贩和居民的街巷混杂在一起。

地震

时间没能做到的事，一次强烈的地震瞬间就做到了。2003 年 12 月末，一场地震几乎摧毁了整座巴姆古城和它的周边建筑。由于古城的旅游、文化资源丰富，政府下令按照巴姆古城的原貌，缓慢地复原古城和要塞。2004 年，联合国教科文组织将巴姆古城列入《世界遗产名录》。

❖地震摧毁了脆弱的土坯建筑，但因城市中早已无人居住，所以并无人员伤亡。上图为地震后的巴姆古城。

城堡 城市中心最高处矗立着城堡和它坚固的要塞，其中包括住着政治精英和军队将领的军事建筑和四季宫。

防御 作为一个边疆城市，巴姆古城由3个防御圈和精锐部队严密守卫，这些精兵都是在与匪帮的战斗中磨炼出来的，后者常常袭击来往商队。高高的要塞则使沙漠里的任何风吹草动都能被发现。

城墙

巴姆古城最明显的特点是四周环绕的土坯高墙，高墙之上驻守着卫兵，用以加强警戒，并为居民守夜。这些高墙高达 7 米。

❖ 建造这些城墙是为防御随时可能发生的袭击，当城门关闭后，任何人都无法出城。

住房

巴姆古城有着各式各样的建筑，家庭住宅尤为突出。大部分民宅很小，一些较为舒适的民宅有四五个房间。豪华建筑是少数，这些建筑不仅拥有客房、蓄养动物的自由空间，而且有不同朝向的房间，方便一年四季都能舒适地居住。

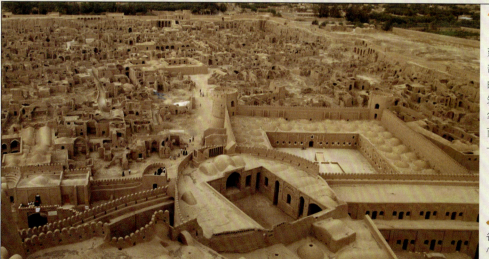

❖ 巴姆古城全景，可以看到各类建筑和复杂纵横的迷宫及小巷。

波斯珍宝

奥克瑟斯宝藏是波斯宫廷奢侈豪华的最佳体现，它的大部分被收藏在大英博物馆。日常生活所用的器物、首饰和宗教礼仪用器共同组成了这个价值连城的艺术遗产。在萨珊王朝时期，金银细工这项专门技艺发展到了顶峰，因为金银细工的手工艺匠人受皇帝监督。金银细工的常用材料是铜、银和金，制作时会嵌入宝石和水晶。皇帝本人和神话动物是这些艺术品中最常出现的形象。◆

皇室宝库中有如此多的黄金，以至于在打仗时皇室也携带大量的黄金器物。各种黄金材质的杯、瓶、罐、钵都被运送到朝廷观战的地方。上图为翼狮形角杯。

奥克瑟斯宝藏的金臂环

国王的臂环

臂环是波斯皇帝们最为喜爱的装饰品之一。手工艺匠人制作臂环时精雕细琢，并习惯性地把两端做成神话动物形状，比如，狮鹫和翼狮。这类器物对于上贡的地区来说并不陌生，他们的达官显贵和使者也经常献上这种礼物。实际上，波斯波利斯城的浅浮雕中就刻有斯基泰使者献上一对臂环的场景。

宝石 臂环上的那些空槽说明，臂环的底座上曾镶有装饰性宝石，但这些宝石早已脱落丢失。

臂环的构成 奥克瑟斯臂环是波斯最杰出的遗产之一，它由170块黄金和白银制作而成，起源大约可追溯到前5世纪至前4世纪。它的发现地点在奥克瑟斯河附近，故而得名。

马拉战车的黄金模型，奥克瑟斯宝藏

皇室的奢华

奥克瑟斯宝藏展示了波斯宫廷的富丽堂皇，宫中的首饰、装饰性器物和日常用具极尽奢华。由于波斯帝国控制的地区众多，波斯器物的种类和风格自然也就多种多样。在薛西斯统治期间和萨珊波斯时期，这种奢华风格达到了巅峰。

小型器物艺术

波斯金银细工也用于制作小型器物，尤其是从萨珊王朝开始，人们就在盘和钵上添加了一些金银打造的狩猎或军事图案。

❖ 中间饰有黄金錾花和动物图案的波斯盘子。

波斯短剑

战争和仪式中的兵器

强大的波斯军队使用的兵器是铁制或用合金加固的短剑或匕首。相反，礼仪兵器由黄金打造，剑柄装饰得十分精美。有的礼仪兵器将剑柄做成了咆哮的狮子头样式，这是源自美索不达米亚的样式，波斯人将其化为己用。

金银细工

波斯匠人是加工金属的专家，他们最擅长制造铜、金、银材质的首饰和器物。在他们的作品中，最为精巧绝伦的是各种类型的角形杯，其上有精美的装饰，这些角形杯尾部普遍做成兽形或混合兽形状，如长有鸟喙、双翼和狮爪的绵羊形象等。

❖ 银制角形杯，波斯帝国手工艺匠人制作的珍宝中最杰出的金银细工制品之一。

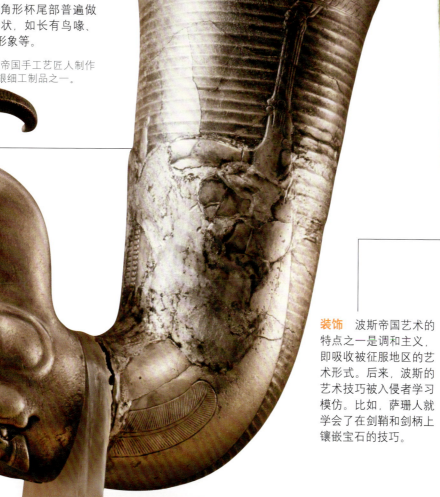

装饰 波斯帝国艺术的特点之一是调和主义，即吸收被征服地区的艺术形式。后来，波斯的艺术技巧被入侵者学习模仿。比如，萨珊人就学会了在剑鞘和剑柄上镶嵌宝石的技巧。

萨珊遗迹

正如萨珊建筑和雕像所表现的那样，几乎所有萨珊王朝的纪念性艺术遗迹都有一个共同的特点：规模宏大。在公共建筑中，如桥梁和堤坝，也有同样的特点。一般来说，当地建筑师使用的材料是未加工过的石头和灰泥。另外，由于罗马奴隶提供了大量的劳动力，这些宏伟壮观的工程才得以实现。◆

沙普尔一世王宫的废墟，泰西封，伊拉克

沙普尔一世王宫

萨珊人非常善于使用内角拱等建筑技术。厚重的墙壁、宏伟的弯拱以及用细腻的石膏修饰粗糙石块的技巧是其主要的特点。而设计城市时，不同社会阶层居住的地区被清晰地区分开。这座王宫建于3世纪，7世纪时遭到了阿拉伯人的洗劫，也因此被毁掉了一部分。

战场上的皇帝

萨珊官方艺术品的另一个最主要的目的就是夸耀皇帝的战功，在艺术作品当中，皇帝总是以手持长枪或剑、在骑马战斗中打败敌人的形象出现。

正面 宫殿入口之一和开放的接见大厅的遗址景象，遗址名为泰西封拱门，是位于泰西封的萨珊王宫的一部分。

沙普尔一世雕像，位于比沙普尔，12世纪—13世纪

雕像

萨珊王朝雕塑的代表作是刻画皇帝沙普尔一世的巨大石像，它由一块巨大的钟乳石雕刻而成，原高8米左右，雕像的姿势十分突出，颇具威仪和王者之风，他身着丘尼卡，腰部佩剑，长发上戴着王冠。这个雕像曾在19世纪倒下，之后得到修复。刻有沙普尔一世形象的浅浮雕和雕像是该时期最为常见的艺术作品之一。

穹顶大厅 在阿尔达希尔设立的首都泰西封中，沙普尔一世建造了一座设计奇特的宫殿。它的中间矗立着一座巨大的"埃旺"式拱门，高30米，长43米。

浅浮雕

萨珊王朝推行使用浅浮雕描绘历代君主最重要的生平事迹及朝中重大事件。最常被刻画的浮雕内容是骑马人像、祭祀神灵、狩猎以及臣属地区向国王献上贡品的场面。许多浅浮雕原本是彩色的。

❖ 上图为萨珊艺术创作的浅浮雕之一：皇帝霍斯劳二世狩猎的浮雕细节图，6世纪末至7世纪初。

拱门 这座拱门由薄砖砌成，高25.9米，与正面的4层楼高度相同。这是古代最高的拱门。

御座 王宫有4层。中央拱门的后面是最重要的建筑，即国王沙普尔一世下令修建的御座厅。御座厅为矩形，有着高而坚固的宫墙。

坚固的城墙

出自萨珊建筑师之手的建筑拥有一个共同点：宏伟壮观。无论是公共建筑、皇宫，还是贵族的宅邸，它们的砖墙都十分壮观。墙体用灰浆浇铸或雕刻，作为墙面的装饰。科林斯式的柱子也很常见，它的灵感源自罗马。

❖ 堡垒、桥梁、堤坝和纪念性建筑都展现出了萨珊风格。右图为比沙普尔遗迹，伊朗。

实用艺术

　　萨珊王朝时期，装饰性艺术和奢华艺术备受推崇。在这些艺术表现形式中，金银细工、精细的玻璃工艺和宝石镶嵌工艺十分突出，银细工在金银细工中独占鳌头。纺织工艺在萨珊王朝时期也进入了辉煌时期，如挂毯、刺绣和举世闻名的波斯地毯，它们往往有着庞大的尺寸、精美的纹样和精密的织法。亚洲和地中海地区收藏了很多此类手工艺品，并将其视为特有的文化遗产。◆

萨珊王朝的手工艺匠人在制作奢华的器物时，偏爱同时使用金属和玻璃。上图为霍斯劳一世的杯子，收藏于法国国家图书馆。

王冠是最具特色、与众不同的奢华器物之一。王冠有各式各样的形状、大小和重量。霍斯劳二世的王冠甚至需要拴在天花板上分散承重，以防皇帝被王冠压倒。

萨珊时期的银盘，花纹是皇帝卑路斯（Peroz）打猎的场景

萨珊盘子

　　该时期的小型手工艺品更多以白银为主料，辅以金箔贴花和镀金打造而成。最常见的器物是作为装饰物的圆形平盘。萨珊时期也出产了不同种类的杯器，有的杯子带有底座。无论什么形状、大小的杯子，通常都在白银杯面上錾刻着错综复杂的錾花图案，或者杯体上焊有单独的金属片。

珍宝库

　　萨珊时期，艺术愈发体现了以展示皇帝奢侈衣饰为题材的倾向，这在保存下来的浅浮雕和雕像上都有体现。多层项圈、扎胡子的首饰环、胸前的条带状饰物、镶嵌宝石的腰带、长耳环和双臂上的重要臂环，都非常引人注目。

❖ 左图为一尊萨珊王朝皇帝的胸像，6世纪−7世纪，可以看出皇帝佩戴着多种奢华的饰品。

野生动物　如狮子，是实用艺术尤其是金银细工中极为常见的形象。它是力量的象征，因此，在面对萨珊艺术品中的主人公——波斯皇帝时，狮子经常被描绘为他的众多手下败将之一也就不足为奇了。

萨珊火漆印

　　宝石镶嵌工艺的发展为制作火漆印打下了基础，用来密封信件的火漆印外形是有孔的半球体，其外观十分美丽。它们的上半部分刻有大面积的纹样，不过，只有描绘皇帝形象及其功绩的印章才能被准确地追溯年代。许多火漆印上只有一个胸像、一只动物或家族的徽章或纹饰。椭圆形的宝石刻章也很常见。

神话动物	伊斯兰纹样	山羊	戴缠头布的男人	蝎子
宽度 36毫米	宽度 13.1毫米	宽度 22.5毫米	宽度 14.2毫米	宽度 12.6毫米
重量 17.7克	重量 5.9克	重量 10.1克	重量 3.9克	重量 7.2克
青金石材质	玉髓材质	玛瑙材质	玉髓材质	玉髓材质

烛台，13世纪-14世纪

尚武的君主

　　实际上，装饰性器物都离不开一种装饰纹样——皇帝们的行军场面。某种意义上，艺术是一种受王朝政权领导的思想工具，起到加强社会影响、按照君主需求规范社会的作用。但随着伊斯兰教的到来，这种艺术发生了改变，并逐渐和伊斯兰教融合。

狩猎　狩猎场景是古代萨珊王朝银细工最常见的主题，人物形象的各种细节都栩栩如生。

地毯

　　萨珊纺织工艺的巅峰之一体现在地毯的制作上，它的设计以繁复的图案和多彩的颜色而独树一帜。据史料记载，当阿拉伯人洗劫沙普尔一世的皇宫时，国王的地毯那巨大的尺寸和精美程度令其惊艳不已，随后，他们将这张地毯切分为6万块，以便贩卖。

❖　左图为沙普尔一世的铜胸像。右图是一张波斯地毯，它和萨珊工匠们织造的地毯很相似。

如今的波斯波利斯

波斯波利斯宫殿群拥有 2 500 多年的历史，是古代波斯最重要的考古遗迹之一。该城的废墟揭开了阿契美尼德王朝大帝国的历史面纱，也让世人了解到它的建筑特点和装饰艺术。如今，波斯波利斯城的一部分得到了重建，它是伊朗最主要的旅游胜地之一，也是世界各国研究波斯文化的学者的必达之地。◆

波斯雕刻匠人的技术水平从细节上展现得一览无余。无论是人、兽形象的面部、头部和毛发等外形特征，还是其身上的装饰，都能看出匠人的高超技艺。上图为雄健的公牛柱头。

宫殿群

这座古代阿契美尼德王朝首都坐落在马夫达沙特平原，位于设拉子西北 45 千米处。它是由几座宫殿组成的建筑群。尽管时间的打磨和多次地区性战争冲突给这座城市造成了破坏，但许多宫殿仍然能够证明这个早已逝去的帝国是何等的辉煌壮丽。

❖ 下图为波斯波利斯遗址的全景图。

入口两侧的巨大石像

备受推崇的城市

伊朗官方数据显示，波斯波利斯城是全国最受欢迎的历史性旅游胜地之一，不但伊朗本国人对它推崇备至，对宏伟的波斯帝国心怀向往的外国游客也对它非常青睐。由于具有文化方面的重要意义，联合国教科文组织 1979 年将其列入《世界遗产名录》。

白色石灰岩 波斯波利斯的大部分建筑都是用当地特有的白色石灰岩建成的。

石灰岩材质的狮鹫雕像

动物形象

波斯波利斯城中装饰性的雕像随处可见，动物雕像和神话生物的雕像为数众多，最为突出的是公牛、狮子和狮鹫的雕像，有些牛和狮子的雕像还带有展开的双翼。其中一些雕像被收藏在波斯波利斯城的博物馆中。

这座**宏伟**的城市吸引着游人。壮观的城墙和巨大的雕像都反映了古代阿契美尼德帝王们心中根深蒂固的胜利者心态。

雇佣关系　4万块黏土板上的铭文说明，许多工作（如雕刻）都是由雇佣的专业工匠完成的。

装饰

　　浅浮雕是整个宫殿群最吸引人的旅游景点之一。浅浮雕被刻在宏伟的宫墙上、入口附近和通往阿帕达纳宫的阶梯上。楼梯的浅浮雕展现了各地达官贵人向大流士一世献上贡品的场景。

❖上图为波斯波利斯的浅浮雕之一，描绘了一场狮子和公牛的角斗。

百柱宫

　　百柱大厅，又被称为"卡基－埃·巴尔"（即柱子宫），是整个宫殿群中最大的建筑，由薛西斯下令修建，于阿尔塔薛西斯一世统治时期完工。宫里有百根20米高的柱子，它们矗立在一块边长80米的方形地块附近。百柱宫只有一条门廊，由两排柱子支撑形成，每排有8根柱子。刻画宫廷场景的浅浮雕依然清晰可见。

❖上图是一座废墟的全景图，它也许曾是都城中最重要的建筑之一。

从波斯到伊朗

　　伊朗伊斯兰共和国是个历史悠久、幅员辽阔的文明古国，如今的伊朗领土集中在古时波斯帝国领土的中心地带。自伊斯兰征服波斯以来，伊朗就成了一个伊斯兰国家，同时拥有着上千年的历史、文化遗产和几次文化融合的成果。伊朗依赖石油储备和生产，导致国家经济结构单一，人口主要集中在伊朗的一半领土上。近几十年来，现代化的尝试并没有使古老的传统失去活力。◆

日常生活的风俗仍然体现了许多传统，在服装、行为标准等方面都能看出这种影响。右图为一个传统茶壶。

手持念珠的苏菲教信徒，位于设拉子

亚兹德的城市全景图

人口

　　伊朗现有人口大约 6 800 万，大部分靠初级经济和自给自足为生。居民中波斯人占61%，库尔德人占9%，俾路支人占2%。官方语言是阿拉伯语，它也是《古兰经》的语言。

伊斯兰教革命

　　从 1978 年起，波斯的帝制开始垮台，当时被流放到巴黎的阿亚图拉·霍梅尼领导的传统派发动了几场大规模游行。一年以后，阿亚图拉·霍梅尼回到了伊朗，在国王沙阿逃走以后，他掌握了伊朗政权。同年 4 月 1 日，伊朗宣布成为伊斯兰共和国。

特殊的地理条件

　　伊朗的地形以山脉为主，山脉间盆地和平原相间分布。西部地区多山，分布着札格罗斯山脉和厄尔布尔士山脉等，是居住人口最多的地区。相反，伊朗东半部分的国土是一片大沙漠，沙漠里零星散布着一些盐湖，这里基本上无人居住。

❖伊朗的沙丘地（伊朗语称erg）位于伊朗东南的卢特沙漠，拥有高达300米的沙丘。

千年古城　亚兹德这座城市坐落在伊朗中部平原的南部，有着3 000多年的历史。亚兹德的名字应该来源于萨珊皇帝伊嗣侯一世（Yazdgerd I）。它至今仍然保存着早期穆斯林时期的建筑遗产。

国徽 国徽代表着真主安拉的教诲（即《古兰经》）。徽章有五个笔画，它们象征着伊斯兰教的支柱，这些笔画由四弯新月和一柄利剑组成。利剑的上方是一个阿拉伯语的标音符号。国徽的整体形状和郁金香相似，后者是殉难者的标志。

阿米尔恰赫马格广场建筑群的琐罗亚斯德雕像，亚兹德

城市中心

城市中心保留了穆斯林征服时期所吸收的其他建筑的特点。在现代与最宝贵的传统文化并存的伊朗，拱顶、针状的伊斯兰细高尖塔、宽阔的花园是它的建筑特色之一。

亚兹德是萨珊王朝时期琐罗亚斯德教的**宗教中心**，在穆斯林发起征服行动后很长一段时间都抵抗住了伊斯兰教的冲击。它也是伊朗最古老的城市之一，具有巨大的历史和文化价值。

宗教生活

宗教在伊朗的社会生活和政治生活中享有非比寻常的地位。这个国家的国教是伊斯兰教，什叶派支持者占压倒性多数（大约89%），而逊尼派则占少数（大约9%）。其他信仰，比如琐罗亚斯德教和基督教，在当地信仰中只占很低的比例。国民大部分是穆斯林，所以那些宗教经典——比如《古兰经》，指导着全体国民的社会生活。此外，伊斯兰教也在教育系统甚至法律系统中占据着举足轻重的地位。

❖ 上图为正在伊玛目礼萨圣陵祈祷的一群女性。伊朗人民每日都践行着宗教的传统。

博物馆

波斯帝国非凡的文化遗产被收藏在多个博物馆，其中不仅有伊朗的博物馆，也包括欧洲的博物馆。巨大的雕像、复原的部分檐壁、彩釉画、不计其数的奢侈器物和一系列的日常生活用具，均让我们得以追溯所谓的世界性帝国的历史和日常生活。在这些博物馆中，德黑兰的伊朗国家博物馆有着特殊的重要性，它是世界上收藏波斯帝国藏品最丰富的博物馆之一。◆

含义 在波斯语中，"阿扎迪塔"的意思是自由之塔。从塔顶的观景台上可以俯瞰整个德黑兰。夜晚的德黑兰灯火通明，城市的每个角落都被照亮。

阿扎迪自由纪念塔的景观

伊朗国家博物馆

建于 1937 年，是伊朗最重要的博物馆。馆内收藏着最齐全的考古文物，其中也包括伊斯兰时期的文物。在那里，人们可以观赏各种类型的罐和碗、雕塑、首饰、钱币、挂毯、细密画、陶瓷绘画、地毯，以及有着丰富插图的图书。

◆ 下图为阿契美尼德王子的雕塑头像，其历史可追溯到前6世纪至前4世纪。

现代的对比

纪念塔在 1971 年建于德黑兰，是纪念波斯帝国 2 500 周年的献礼之作，阿扎迪塔高达 45 米，是伊朗现代化的最重要的象征。它坐落在通往首都的主干道上，被面积达 50 万平方米的花园所包围。该塔由 4 个带有凹槽的柱子支撑，柱子上覆盖着白色的伊斯法罕石材。

珍宝 各大波斯博物馆中最常见的藏品是黄金器物，它们普遍具有精美的錾花。下图为翼牛纹金杯。

伊朗，设拉子，戈旺姆柑橘园博物馆中的镶嵌画细部

戈旺姆柑橘园博物馆

　　戈旺姆柑橘园建于 1881 年，它的博物馆中收藏了 1967 年之前的重要考古文物和照片。建筑有着宽阔的大厅，其中最为突出的是镜厅，厅中装饰着极其华美的浮雕，与古城波斯波利斯的浮雕类似，宫中的织物、挂毯上绣有大量图案，瓷砖上也有彩釉画。右图为其中一幅彩釉瓷砖画的细节图。

❖ 上图为博物馆的正面图。从柑橘园的入口望去，大厅面向着宽阔的内部花园。

博物馆　阿扎迪塔的另一个景点是第一层的小型博物馆。阿扎迪广场上方设立了一个观景台，吸引着游人前往。

卢浮宫

　　除了伊朗，还有一些博物馆收藏了部分波斯帝国最宝贵的文化遗产。巴黎卢浮宫博物馆的古东方文物部收藏着古代波斯帝国的多项器物和艺术品。其中最著名的就是弓箭手檐壁，它是原本装饰在苏萨的彩色镶嵌画。

❖ 卢浮宫展示着弓箭手檐壁的展厅景象，画面尽头是另一面檐壁——翼狮檐壁。

纪年表

　　波斯帝国的历史进程并不局限在它的发源地，阿契美尼德家族曾出现了几位杰出的君主，比如居鲁士大帝和大流士大帝。君王们南征北战收获了广袤的领土，在不同时期由各王朝统治，这些王朝（如萨珊波斯）延续了古时的辉煌，传承了它的文化和历史特点。而 7 世纪穆斯林的征服意味着这种传承在一定程度上被打断了，尽管伊斯兰教的扩张过程中出现了穆斯林和伊朗人民相互同化的现象。

前6世纪−前4世纪

起始时期

一些游牧部落在伊朗高原定居，处于埃兰的统治之下。此时，阿契美尼德王朝刚刚建立。波斯早期的几位皇帝中就有人出身阿契美尼德家族，比如，居鲁士一世和冈比西斯一世。前570年左右，琐罗亚斯德在巴克特里亚地区开始为新宗教——琐罗亚斯德教布道。

前559

居鲁士二世，即居鲁士大帝，继承了其父冈比西斯一世的王位。居鲁士在军队中进行了一场重要的改革，从此，军队就成为波斯征服之路的基石，在将近两个世纪的时间里，波斯军队所向披靡。

前553−前550

波斯与阿斯提阿格斯统治下的米底王国发生了战争，这是波斯大举扩张的开端。

前545

居鲁士二世攻占了位于小亚细亚的吕底亚王国首都。与其他被征服国家一样，居鲁士也向他们征收重税，以此维持军事机构的运转。

前540

居鲁士二世占领了巴比伦。波斯帝国的疆域扩张到了印度河流域。纵观居鲁士时期，他不仅能征善战，还对其他国家和地区的信仰采取包容态度。实际上，在居鲁士攻陷巴比伦后，他允许犹太人回到巴勒斯坦重建圣殿。也是在这一时期，波斯人展现出了令世人惊叹的建筑技巧和艺术造诣。在那些高墙环绕、拥有巨柱和宽广楼梯的宏伟宫殿中，装饰着浅浮雕、雕塑和彩色的檐壁，它们的题材大多是宏大的战争场面，或是以皇帝为主角、颂扬其丰功伟绩的场景。

前530

居鲁士二世的时代迎来了终结。居鲁士二世在攻打马萨格泰人时战死沙场，其子冈比西斯二世继位。

前525

冈比西斯二世领导建立了一个伟大的联盟。普萨美提克三世（Psamético III）被废黜，埃及被波斯帝国吞并。

前521

冈比西斯二世驾崩，留下了一个庞大的帝国：它的版图从地中海延伸到兴都库什山脉。

前518−前329

衰落时期

冈比西斯二世的死引发了一场残酷的皇位争夺战。一时间叛乱频繁，随后大流士将其一一镇压。大流士专为宗教目的下令修建了新首都波斯波利斯。此后，这座新城和另外三个首都轮流作为波斯帝国的首都。波斯帝国对色雷斯和印度发动战争，吞并了征服地区。当波斯人兴兵攻打希腊时，波斯帝国版图的东南部与这里的情况截然不同。大流士逐一遏制了巴比伦、米底、埃兰和帕提亚等地的叛乱。大流士也为波斯帝国建立了卓有成效的行政区划，即行省制，各行省由被称为"总督"的官员管理。

前490−前479

希波战争，即希腊和波斯之间的战争打响。第一次希波战争期间，前490年9月，决战在马拉松拉开序幕。尽管在这次战争中，雅典人和盟军只有一万多人，敌对一方的波斯具有压倒性的数量优势，但米泰亚德领导的希腊军队击败了波斯。10年后，前479年，第二次希波战争爆发，这场战争包含了几个决定性战役。在大流士的继任者薛西斯一世统治时期，温泉关战役爆发，其间，由斯巴达国王列奥尼达一世率领的几百名斯巴达勇士在一周之内阻挡了上千名波斯士兵的进攻，最终薛西斯一世获得了这场战争的胜利。随后，在萨拉米斯海战中，波斯军与雅典军再次交锋，希腊人在这场战争中大获全胜。最

❖ **柱子** 希腊的影响在波斯建筑中有所体现。左图为波斯波利斯的纪念柱。

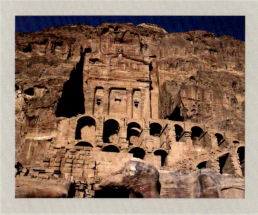

雄伟的波斯
令人印象深刻的岩石建筑

　　将大城市建在沙漠的空地上，这是波斯原始艺术的特点之一，高原地貌形成了一种保护，阻挡了恶劣气候、自然条件的侵袭，以及可能的入侵者。波斯人开凿山峰，以令人惊叹的技巧雕刻山石，在山上建造起一些引人注目的城市群和陵墓群。左图是佩特拉的纳巴泰城遗址，位于约旦境内，其历史时间可追溯到前1世纪至公元2世纪。

终，希腊军队和波斯军队在普拉提亚平原上展开决战，希腊人取得了最终胜利，同时也埋葬了波斯占领希腊领土的野心。

前465—前401

自薛西斯一世死于谋杀之后，皇位争夺战接连爆发。阿尔塔薛西斯一世是薛西斯死后的第一任继承人，他于前424年驾崩。随后，他的皇子们再次上演了争夺皇位的内战，此时埃及和巴勒斯坦爆发了叛乱。

前337

马其顿国王腓力二世领导了科林斯同盟，该同盟由希腊大多数城邦组成，他们团结一致对抗大流士三世领导的波斯帝国。腓力二世被刺杀后，其子亚历山大大帝继承了皇位，后者在伊苏斯战役、高加米拉战役中大破波斯军。大流士三世最终被杀。

前3世纪

帕提亚帝国

波斯帝国覆灭后，前3世纪，伊朗领土上出现了一个新的帝国：帕提亚帝国。"帕提亚"取自被其征服的帕提亚地区。前250年到前238年，皇帝阿尔沙克统治时期，帕提亚人征服了古时属于波斯帝国但当时被塞琉古帝国占据的领土。从前141年开始，在米特拉达梯一世（Mitrídates I）的领导下，帕提亚人征服了美索不达米亚。米特拉达梯一世也是第一个拥有"万王之王"称号的皇帝，这个称号也被他的王朝所沿用。米特拉达梯二世在位时（前124—前88）开通了丝绸之路。同是在米特拉达梯二世统治时期，帕提亚帝国的疆域扩张至最大范围，不仅征服了米底和塞琉古帝国在底格里斯河流域的领土，还吞并了亚美尼亚的部分地区，米特拉达梯二世还率兵攻打了斯基泰人。前1世纪左右，罗马人觊觎帕提亚人控制的贸易，双方之间的冲突和谈判交替进行，随后，罗马同帕提亚确立了新的边界：幼发拉底河。图拉真（Trajano）多次击败了帕提亚军队，但未取得决定性胜利。哈德良时期，两国维持着相对和平，可之后罗马仍频繁骚扰帕提亚帝国。

❖ **浅浮雕和檐壁**　它们是古代波斯帝国最杰出的装饰性要素。波斯的匠人们将作品加工得细节丰富、栩栩如生。下图为波斯帝国御林军的浅浮雕，位于波斯波利斯。

艺术的存在
匠人和金银细工

波斯人的文化表现形式并不局限于宏伟的建筑，也反映在实用艺术、技艺精湛的制陶和冶金工艺方面。他们加工金银器的能力极其出色，利用这些金属制作了一系列精美奢华的器物，其中甚至包括日常生活用具，诸如各种形状大小不一的敞口耳罐、杯、碗和盘子，它们一般都装饰繁复，是专供统治阶级或皇室成员使用的器具。金银细工同样也为这一群体提供个人饰品，比如项圈、耳环、臂环以及诸如宝剑和匕首类的武器，剑柄上还镶嵌着水晶和宝石。

1世纪－3世纪

萨珊王朝

1世纪至2世纪，帕提亚帝国发生了多次内战。200年，阿尔达希尔一世起兵造反，并于224年杀死了帕提亚帝国的皇帝阿尔达班（Artaban）。随后，阿尔达希尔一世加冕为王，建立了萨珊王朝。萨珊王朝在651年灭亡，这时伊嗣俟三世被阿拉伯帝国的哈里发们击败。

新的帝国——萨珊波斯曾占领了广袤的领土，包括如今的伊朗、伊拉克、亚美尼亚、阿富汗、土耳其、叙利亚和巴基斯坦。霍斯劳二世统治时期，萨珊波斯吞并了现在的埃及、约旦、巴勒斯坦、以色列和黎巴嫩的领土。

萨珊波斯主要君主的世系表：

阿尔达希尔一世（Ardashir I，224－241在位）；
沙普尔一世（Sapor I，241－272在位）；
霍尔木兹一世（Ormuz I，272－273在位）；
巴赫拉姆一世（Bahram I，273－276在位）；
巴赫拉姆二世（Bahram II，276－293在位）；

巴赫拉姆三世（Bahram III，293在位）；
纳塞赫（Narsés，293－303在位）；
霍尔木兹二世（Ormuz II，303－309在位）；
沙普尔二世（Sapor II，309－379在位）；
阿尔达希尔二世（Ardashir II，379－383在位）；
沙普尔三世（Sapor III，383－388在位）；
巴赫拉姆四世（Bahram IV，388－399在位）；
伊嗣俟一世（Yazdgerd I，399－420在位）；
巴赫拉姆五世（Bahram V，420－438在位）；
伊嗣俟二世（Yazdgerd II，438－457在位）；
霍尔木兹三世（Ormuz III，457－459在位）；
卑路斯一世（Peroz I，459－484在位）；
巴拉什（Balash，484－488在位）；
卡瓦德一世（Kavad I，488－530在位）；
霍斯劳一世（Cosroes I，531－579在位）；
霍尔木兹四世（Ormuz IV，579－590在位）；
霍斯劳二世（Cosroes II，590－628在位），其统治曾被中断：
巴赫拉姆六世（Bahram VI，590－591在位）；
维斯塔赫姆（Bistam，591－592在位）；
霍尔木兹五世（Ormuz V，593在位）；
卡瓦德二世（Kavad II，628在位）；
阿尔达希尔三世（Ardashir III，628－630在位），其统治曾被中断：
卑路斯二世（Peroz II，629在位）；
沙法巴勒兹（Sharvaraz，630在位）；
霍斯劳三世（Cosroes III）、布伦女王（Boran）、阿扎尔米杜赫特女王（Azarmedukht），（630－631在位）；
霍尔木兹六世（Ormuz VI）、霍斯劳四世（Cosroes IV），（631－632在位）；
伊嗣俟三世（Yazdgerd III，632－651在位）。

3世纪－7世纪

224

阿尔达希尔建立了萨珊王朝，踏上了扩张与征服之路。

260

沙普尔一世击败了罗马皇帝瓦勒良。

310

沙普尔二世在位期间，波斯击败了罗马军队，迫使罗马放弃亚美尼亚和美索不达米亚。

379－484

阿尔达希尔二世、沙普尔三世、巴赫拉姆三世和卑路斯统治时期，内战频发。

590

霍斯劳二世继位后向拜占庭帝国宣战。

622

拜占庭王朝多次击败萨珊王朝。
霍斯劳二世被处决，他的皇子卡瓦德二世和阿尔达希尔三世先后继任。此时，萨珊王朝已处于衰落期，丧失了部分领土。

627

霍斯劳二世在尼尼微战役中战败，拜占庭帝国收复叙利亚并侵入美索不达米亚。

628

霍斯劳二世被处决。此后4年中，波斯帝国更换了10任皇帝。

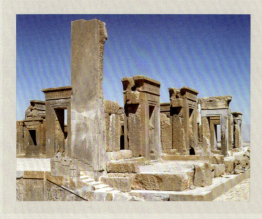

传统建筑
大流士大帝皇宫

前6世纪，大流士一世下令修建波斯波利斯城，城中矗立着最能体现波斯文化特点的建筑。大流士大帝的皇宫就是其中之一，它让赞颂这位皇帝伟大形象的构想成为现实。宏伟的城墙和巨门、大量展示着丰功伟绩的浅浮雕和铭文陈列在宫殿中，彰显着这个世界性帝国领导者的伟大形象。大流士每年都接见一次各行省的达官显贵，后者向大流士进献大量的财宝，以表示他们对大流士的尊敬和臣服。左图为大流士皇宫遗址。

7世纪

穆斯林的征服

632

穆罕默德逝世。阿拉伯人在伊斯兰教的指引下团结一致。阿布·伯克尔（Abu Bakr）是第一任哈里发、穆罕默德的继承者，在叙利亚和巴勒斯坦发动了战争。

633

穆斯林占领了边疆城市推罗。一年后，在皇帝伊嗣俟三世的领导下，萨珊人在河桥战役中取得了胜利。

636

穆斯林在耶尔穆克河（叙利亚）的战役中击败了拜占庭，并挥师攻打萨珊波斯。两国的决战发生在伊拉克的卡迪希亚，哈里发奥马尔赢得了胜利。此后，穆斯林包围了萨珊的首都泰西封，导致伊嗣俟三世下令弃城，泰西封最终被阿拉伯人占领。不久，穆斯林击退萨珊波斯的反击，最终得到了整个美索不达米亚地区的绝对控制权。

641

伊嗣俟三世在纳哈万德集结了一支军队，在那里，他再次被阿拉伯人击败。10年后，伊嗣俟三世在梅尔夫遇刺身亡。

651

萨珊王朝在迎击哈里发倭马亚时被击败。同年，萨珊王朝的最后一位皇帝伊嗣俟三世去世。自此，穆斯林不仅吞并了古老的波斯帝国曾经征服的土地，还实现了文化征服，其进程虽然缓慢，但成功使大部分伊朗人信奉了伊斯兰教。

674

到了674年，穆斯林已经征服了阿富汗的河中地区和印度地区的信德。在穆斯林征服以后，发生了多个王朝和朝代的更迭：
萨曼王朝（875－999）；
齐亚尔王朝（928－1043）；
白益王朝（934－1055）；
伽色尼王朝（963－1187）；
塞尔柱王朝（1037－1194）；
花剌子模王朝（1077－1231）；
伊利汗国（1256－1353）；
莫扎法尔王朝（1314－1393）；
帖木儿帝国（1370－1506）；
设立了"沙阿"称号的萨非王朝（1501－1722/1736）；
阿富汗人统治的霍塔克王朝（1722－1729）；
阿夫沙尔王朝（1736－1802）；
赞德王朝（1750－1794）；
卡扎尔王朝（1781－1925）；
巴列维王朝（1925－1979）。
从1979年开始，群众性的政治运动爆发，推动了一场深刻的政治改革。伊朗伊斯兰革命使一个临时政府得以上台执政（1979－1980），伊朗伊斯兰共和国建立，自此结束了君主制统治。

19世纪－20世纪

现代化的开端

在欧洲列强和俄国的影响下，波斯的现代化进程于19世纪起步。在19世纪末20世纪初，现代化进程再次发力，掀起了几场重要的政治改革运动。20世纪中叶，第二次世界大战结束后，伊朗的领土被英国和俄国占领。不久，1953年，首相穆罕默德·摩萨台（Mohammad Mosaddeq）被流放，这是因为他推行的石油资源国有化政策损害了美国和英国的利益。当政的巴列维王朝在美国和英国的支持下开启了现代化进程，同时残酷迫害以穆斯林什叶派最高领导人鲁霍拉·霍梅尼（Ruhollah Jomeini）为中心的政治和宗教反对派。鲁霍拉·霍梅尼甚至被拘禁了几个月。1964年，霍梅尼获释，随后被流放土耳其，后来又流亡到了巴黎，就在那里，他开始组织反对巴列维王朝政权的活动。沙阿穆罕默德·礼萨·巴列维（Mohammad Reza Pahlevi）在盟友美国的支持下施行独裁统治，与此同时，伊朗社会对政府的态度愈发不满。1979年，社会和宗教的不满情绪达到了顶峰，引发了一场革命，导致巴列维倒台并逃亡。之后霍梅尼组织了自由选举，并赢得了绝大多数投票。从此，自波斯帝国建立之初就已确立且历朝历代长期施行的君主制被废除了。经过全民投票明确表决，1979年4月1日，伊朗成为伊斯兰共和国。此后，伊朗对美国及其盟友的中东利益持有异议，使该地区成为20世纪末至21世纪初最为动荡的地区之一。

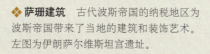

❖ **萨珊建筑** 古代波斯帝国的纳税地区为波斯帝国带来了当地的建筑和装饰艺术。左图为伊朗萨尔维斯坦宫遗址。

术语表

阿帕达纳宫

皇宫的接见大厅，由大流士大帝下令修建。其始建时间可以追溯到前515年，但大约在薛西斯一世统治时期才最终完工。阿帕达纳宫紧邻百柱宫，是首都波斯波利斯最具标志性的建筑。那些通往阿帕达纳宫的阶梯非常壮观，阶梯的墙壁形状对称，墙面上装饰着丰富的浅浮雕。

阿契美尼德

波斯帝国最初朝代的名字。由阿契美尼德家族建立的阿契美尼德王朝，其统治范围延伸到了近东的广阔领土，包括印度河谷、埃及、地中海的色雷斯地区以及中亚的大片区域，其中最重要的是巴比伦和伊朗高原。但在前4世纪末期，亚历山大大帝的入侵击溃了阿契美尼德王朝。这个时期最杰出的君主有居鲁士一世、冈比西斯一世和居鲁士二世。

埃兰王朝

位于伊朗西南部。埃兰人曾建立了发达的文明，首都是苏萨。前645年，亚述征服了埃兰。后来，亚述人统治的埃兰被米底王朝吞并，最终被波斯王朝并入版图。

奥克瑟斯宝藏

是波斯宫廷最重要的实用器藏品。它的名字源自奥克瑟斯河，一些精美绝伦的文物就是在这里被发现的，其中有罐、钵、小雕像、臂环和各种首饰，都是用金银和宝石打造而成的。

拜火教

（见后文琐罗亚斯德教条目）

波斯

"波斯"一词是"法尔斯"的希腊语翻译，法尔斯是伊朗南部的一个地区。古希腊人流行用这种说法指称整个伊朗高原上的居民。1935年，伊朗取代波斯成为这一地区的名称。

波斯细密画

波斯人最重要的传统艺术形式之一，在萨珊王朝和后伊斯兰时代备受重视。顾名思义，波斯细密画是非常小型的图画，其人物、装饰性的题词和书法字体都很小。波斯人还在细密画上使用更加凸显形象的上色技巧。

不死军

波斯的精锐作战单位，也履行着皇室御林军的职责。希罗多德是首个记录描述不死军的人，称其为"万人军"或"阿沙纳托"（athanatoi，字面意义即"不死军"）。这个名字取自部队不变的人数，即1万人，任何一个伤亡或患病的士兵都会立刻被替换。因此，不死军的队列从来不会缩减，他们给人的感觉好像从来都不会死亡。他们是一支重装步兵，负责在前线猛攻，依靠数量优势作战。他们是在肉搏战里训练出来的战士，装备着皮革盾或柳条盾牌、铁枪头短枪、弓、箭筒和一把匕首或短剑。由于不死军是精锐部队，其候选人只能是波斯人和米底人。

赋税

各征服地区以硬通货或实物形式每年上缴的财富，波斯人就靠这些赋税支撑着整个帝国架构，特别是军队的运转。赋税按照各地区的物产和发展情况确定品类和多寡。如此一来，一些地区缴纳上千头牲畜或袋装谷物，而其他地区则献上金银条或珠宝，这些宝物最终充实了国库。另一方面，赋税被认为是投降国献给新君主的礼物，也是波斯强大国力的体现。因此，作为这段历史的见证，波斯人雕刻了众多浅浮雕，详细刻画了这个一年一度的朝贡队列。

皇家监察官

他们是一群顾问，以皇帝的名义监督各行省的管理。总督拥有一定程度上的自治权，他们必须向皇帝汇报征收赋税的进展及其管辖省的其他经济、政治问题。

灰浆

用石膏、大理石粉末、胶混合调制的颗粒细腻的灰浆，干燥后变硬。波斯人用它塑造墙面或修饰墙的瑕疵。

坎迪斯

一种合身的宽袖长袍，是波斯的杰出服饰。

克洛伊索斯金币

吕底亚人早期铸造的金币。其名字是为了纪念这种金币的创造者——国王克洛伊索斯（Creso）。后来，波斯人借鉴了这一做法，铸造金币和银币，作为促进贸易的手段。币面上通常印有皇帝的面部肖像。

庙塔

古代美索不达米亚特有的庙宇，状似阶梯式金字塔。通常，庙塔的塔基是矩形、椭圆形或正方形，墙壁用砖砌成。进入庙塔要通过建筑物侧边的楼梯，有些庙塔的楼梯是螺旋形的。目前保存最好的庙塔是伊朗的恰高·占比尔，该庙塔建造于埃兰文化时期。波斯帝国并没有将庙塔当做举行祭祀仪式的场地，而是作为神灵的居所，这样一来，信徒们就有了直接与众神接近的通道。通常，每个城市都有自己的庙塔，但只有祭司能够进入庙塔内部。

摩尼教

3世纪由波斯智者摩尼创建的宗教，它的传教范围曾延伸到罗马帝国的大部分地区。摩尼教的信仰基于一种能够解释世界起源和生命二元论的概念。二元论指的是善和恶之间的永恒斗争，它存在于世间万事万物之中。

纳巴泰

是巴勒斯坦南部的一个古国，首都佩特拉位于死海附近。纳巴泰位于罗马帝国和塞琉古帝国之间的战略要地，而佩特拉自然成为罗马向东方扩张的首要战略目标。

帕提亚王朝

前3世纪，帕提亚人建立

了帕提亚王朝，其领土从现在的伊朗延伸至米底东部。帕提亚人原是里海附近的一个斯基泰部落，后来他们征服了波斯的帕提亚省，并以此作为新建立的国家名称。帕提亚在前3世纪占领了部分塞琉古帝国的领土。亚历山大大帝灭掉波斯帝国之后，帕提亚王朝也日渐衰落，一个新的王朝——萨珊王朝将登上历史舞台，并结束帕提亚的统治。

浅浮雕

是在墙壁或建筑物上刻画人物或雕刻铭文的雕刻技术。这种技术需要把设计图案和雕刻形象的边缘描线标记，然后削凿墙壁表面。古埃及使用浅浮雕来装饰宫殿和庙宇。浅浮雕最后的工序包括给浮雕上漆或上釉，这也使浮雕的形态更加鲜明。在波斯人中，阿契美尼德王朝和萨珊王朝大量使用浅浮雕工艺，其最好的佐证就陈列在波斯波利斯城里。

萨珊王朝

指3世纪至7世纪萨珊王朝统治下的帝国。萨珊王朝由阿尔达希尔一世建立，在伊嗣俟三世统治时期走向灭亡，第一任伊斯兰哈里发向萨珊发起了旷日持久的战争，最终摧毁了萨珊王朝。萨珊王朝幅员辽阔，在不同时期，其领土包括现在的伊朗、伊拉克、亚美尼亚、阿富汗，还曾包括现在的土耳其、叙利亚、巴基斯坦、中亚、埃及、约旦、巴勒斯坦、以色列和黎巴嫩的部分地区。

萨特拉庇

字面意义是"领土的守护者"，这个名字就表明了总督拥有的巨大权力。在政治和行政方面，"萨特拉庇"的职能与省长或总督相当。

萨特拉庇亚

古代米底帝国和波斯帝国对政治和行政单位的称呼。波斯最早的萨特拉庇亚要追溯到居鲁士大帝时期，即前6世纪，但米底帝国在一个世纪前就已经设立了这样的行政单位。居鲁士大帝设立了20个萨特拉庇亚。

塞琉古帝国

由来自马其顿的塞琉古王朝建立，统治时间自前4世纪至前1世纪。最初，它的版图从小亚细亚延伸到现在的巴基斯坦。塞琉古帝国最著名的皇帝是塞琉古一世（Seleuco I）、塞琉古二世（Seleuco II）和安提阿家族的皇帝们。历史上，塞琉古帝国有两个首都：位于叙利亚的安提阿和位于美索不达米亚底格里斯河畔的塞琉西亚。与罗马帝国的一场战争终结了塞琉古，最终罗马将塞琉古驱逐出小亚细亚，并吞并了叙利亚。

圣火祭坛

阿胡拉·马兹达是与光、太阳紧密联系的创世神，波斯人作为阿胡拉·马兹达的信徒，在他们的主要城市和皇帝的陵墓前建造了圣火祭坛。这些小型建筑中的圣火是为纪念主神阿胡拉·马兹达而燃烧的，也是为他献上的供品。

十字形正面

波斯波利斯附近的纳克歇·洛斯塔姆陵墓群中，阿契美尼德王朝皇陵的几座主陵正面都是十字形的设计。

琐罗亚斯德教

又称拜火教，是琐罗亚斯德（或查拉图·斯特拉）建立的宗教和哲学流派。琐罗亚斯德教将阿胡拉·马兹达尊为唯一的神、造物主和天地之主。阿胡拉·马兹达即善，善也是至高的美德。他的最大敌人是恶神安哥拉·曼纽。尽管阿胡拉·马兹达是无形、无处不在的神，但波斯人将他和阳光、展开双翼的鸟联系在一起。他的儿子是火神阿塔尔（Atar）。

希波战争

指波斯帝国和一些希腊城邦，尤其是斯巴达、雅典之间的战争。前499年，爱奥尼亚、雅典和埃雷特里亚发动起义反抗波斯的统治。大流士大帝立即出兵镇压，平息了叛乱并重新确立了对该地区的控制。一年后，一支庞大的波斯舰队试图征服希腊，但未获成功。同时，大流士向希腊派遣了使者，希望起义军臣服于波斯，但斯巴达和雅典拒绝投降。于是在前490年，大流士再次出兵，波斯军和雅典军在马拉松交锋，希腊人出人意料地取得了胜利。前480年，在薛西斯一世的领导下，波斯第三次出兵攻打希腊。波斯军与斯巴达军在温泉关的通道交战，波斯最终击败了斯巴达国王列奥尼达一世和他为数极少的军队，但是以惨重的伤亡为代价。另外，波斯战舰和希腊人在距雅典很近的萨拉米斯海湾交锋，雅典人又一次获得了胜利。一年后，即前479年，波斯人在普拉提亚决战中被击败，希腊人最终埋葬了波斯侵占希腊的野心。

檐壁

檐壁是波斯人在主要宫殿的墙面上采用的艺术表现形式，用彩釉砖建成。最著名的是弓箭手檐壁，它装饰在苏萨城大流士一世皇宫的大厅。

印章

金属质或石质印章，用于给文件或物品打上特有的印记，表明该物的物主。萨珊王朝尤其喜欢使用印章，这些印章也因此成为独特的历史参考物，可用于确定重大事件和历史时期，还能展现某个特定时期的宫廷生活景象。通常，这些印章上都刻有装饰图案，很多情况下是皇帝的形象。